노근리 이야기 1부

그 여름날의 기억

원작
《그대, 우리의 아픔을 아는가》 (정은용, 다리, 1994)

참고 자료
《노근리 다리》 (최상훈, 마사 멘도자, 찰스 핸리, 잉걸, 2003)
다큐멘터리 〈Kill'em All〉 (Time Watch, BBC, 2002)

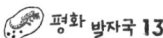 평화 발자국 13

노근리 이야기 1부
그 여름날의 기억

2014년 9월 10일 1판 1쇄 펴냄 | 2022년 7월 18일 1판 6쇄 펴냄

만화 박건웅 | **원작** 정은용
편집 김로미, 박세미, 이경희, 조성우 | **디자인** 김은미
제작 심준엽 | **영업** 나길훈, 안명선, 양병희, 원숙영, 조현정 | **독자 사업**(잡지) 김빛나래, 정영지
새사업팀 조서연 | **경영 지원** 신종호, 임혜정, 한선희 | **인쇄와 제본** (주)상지사 P&B
펴낸이 유문숙 | **펴낸곳** (주)도서출판 보리 | **출판 등록** 1991년 8월 6일 제 9-279호
주소 (10881) 경기도 파주시 직지길 492 | **전화** 031-955-3535 | **전송** 031-950-9501
누리집 www.boribook.com | **전자우편** bori@boribook.com

ⓒ 박건웅, 정구도, 2014
이 책의 내용을 쓰고자 할 때는, 저작권자와 출판사의 허락을 받아야 합니다.
잘못된 책은 바꾸어 드립니다.
값 30,000원
보리는 나무 한 그루를 베어 낼 가치가 있는지 생각하며 책을 만듭니다.

ISBN 978-89-8428-856-0 07300
ISBN 978-89-8428-855-3 (세트)

*이 도서의 국립중앙도서관 출판예정도서목록(CIP)은 서지정보유통지원시스템 홈페이지
(http://seoji.nl.go.kr)와 국가자료공동목록시스템(http://www.nl.go.kr/kolisnet)에서
이용하실 수 있습니다. (CIP제어번호: CIP2014023716)

그 여름날의 기억

노근리 이야기 1부

박건웅 만화
정은용 원작

보리

한국 전쟁 당시 지도

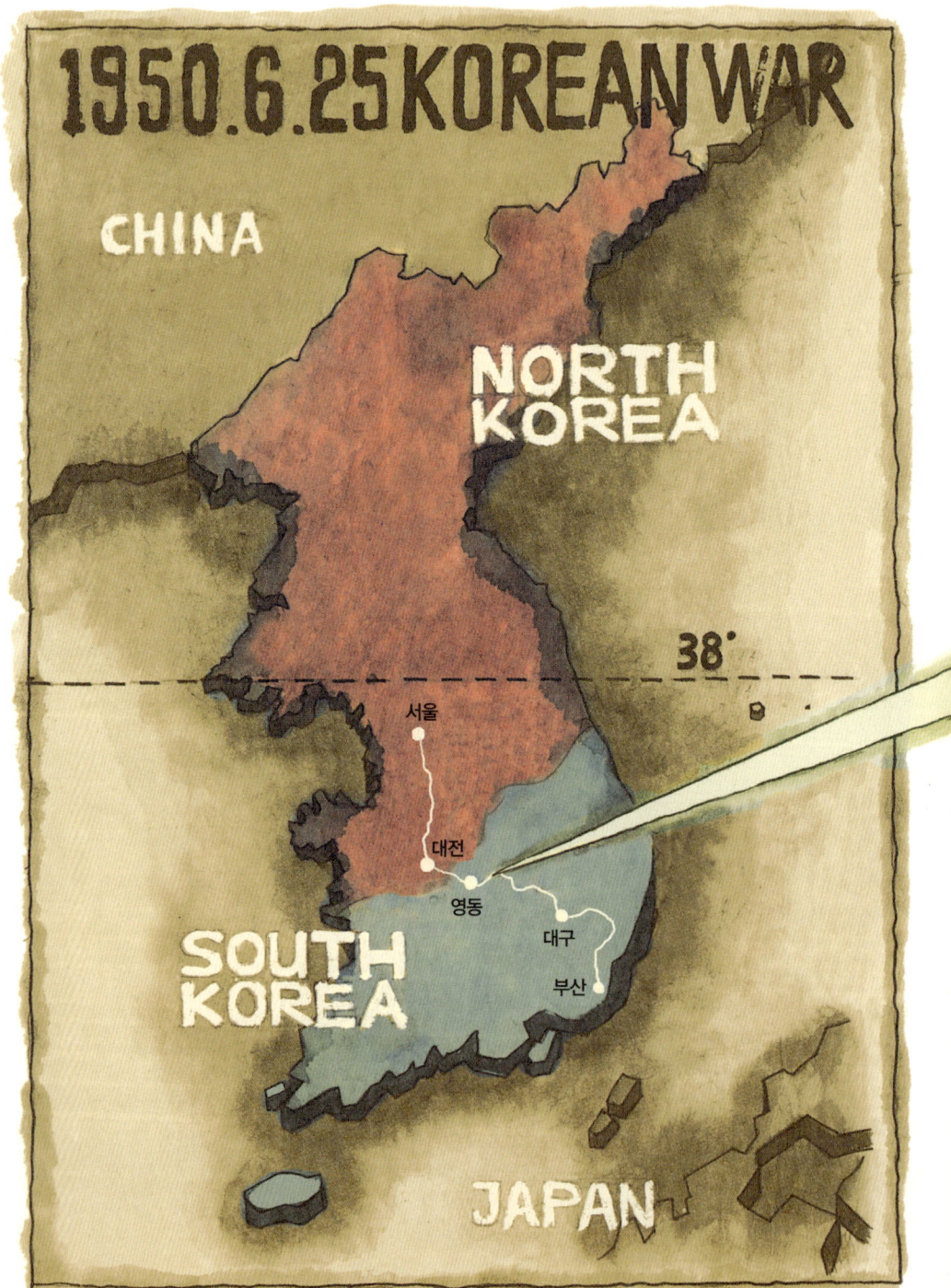

노근리 주변 지도

차례

1 전쟁, 1950년 6월 25일 · 7
2 피난 · 35
3 고향 · 57
4 남쪽으로 가야 산다 · 117
5 재회 · 139
6 학살 · 213
　7월 24일 · 214
　7월 25일 · 221
　7월 26일 · 257
　7월 27일 · 454
　7월 28일 · 517
　7월 29일 · 529
7 망향가 · 567
　1955년 가을 · 614
부록 노근리 학살 사건 상황도

1
전쟁, 1950년 6월 25일

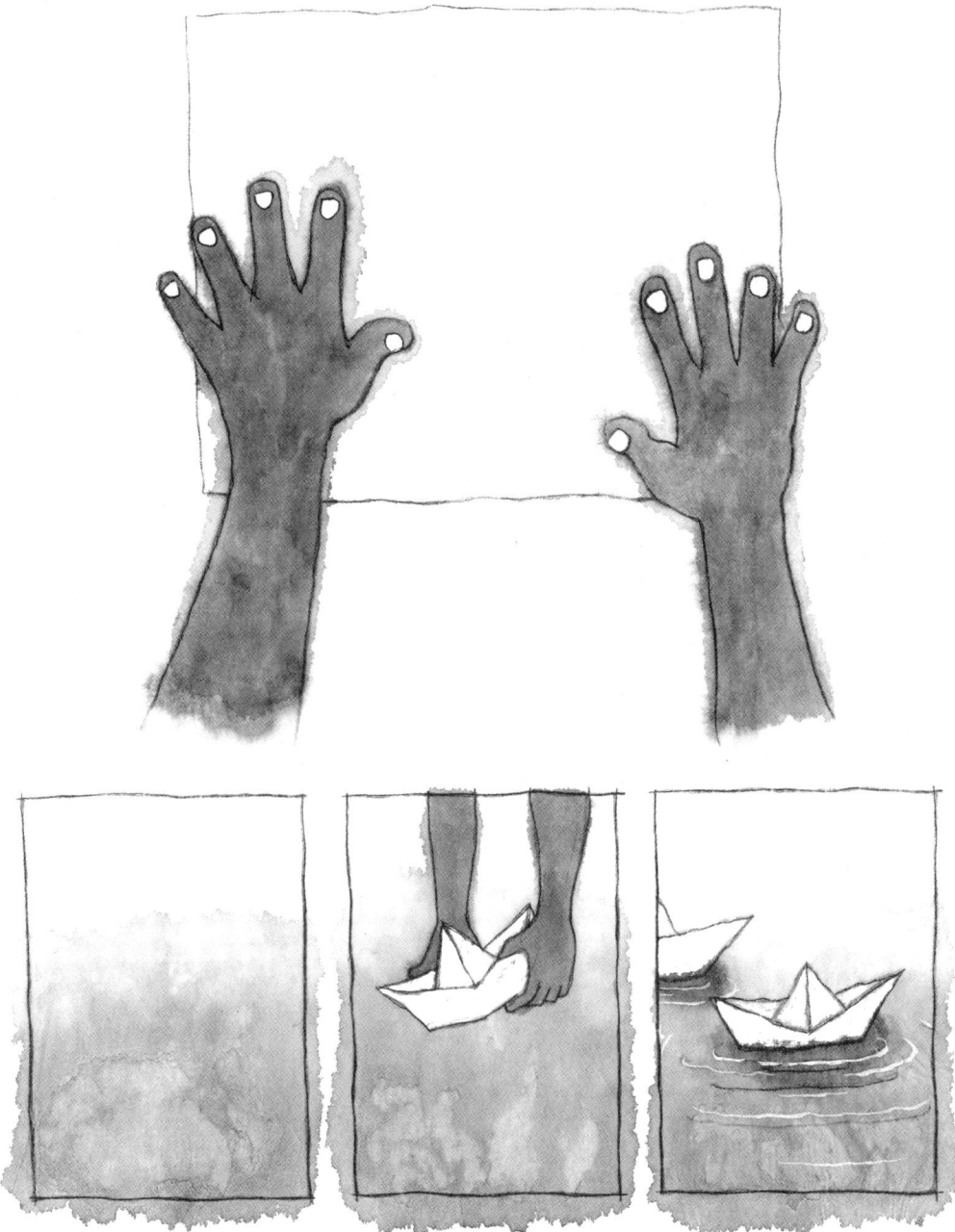

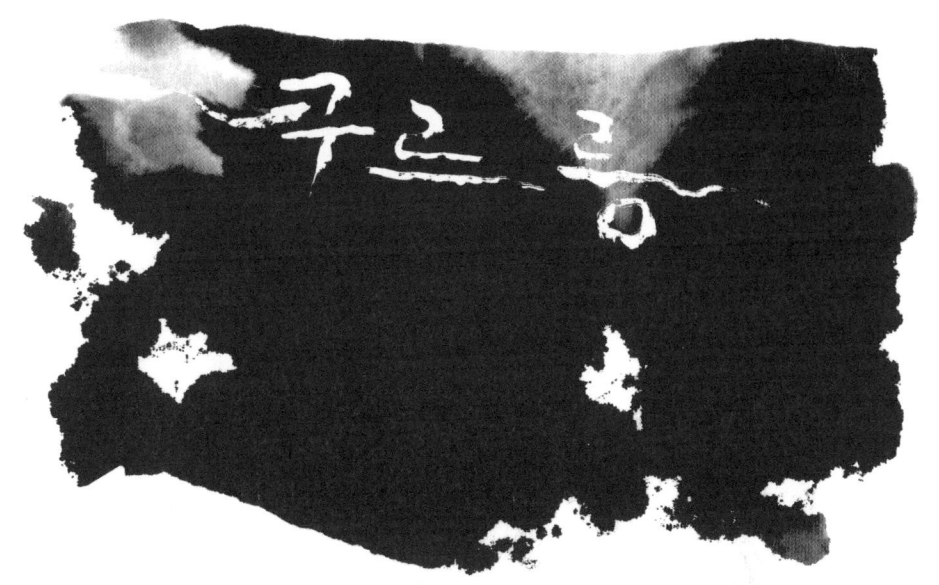

해 질 무렵부터 비가 오기 시작했다.

밤이 깊어지면서 보슬비는 장대비로 바뀌었다.

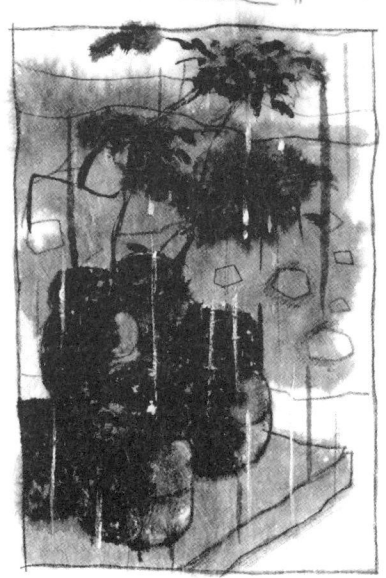

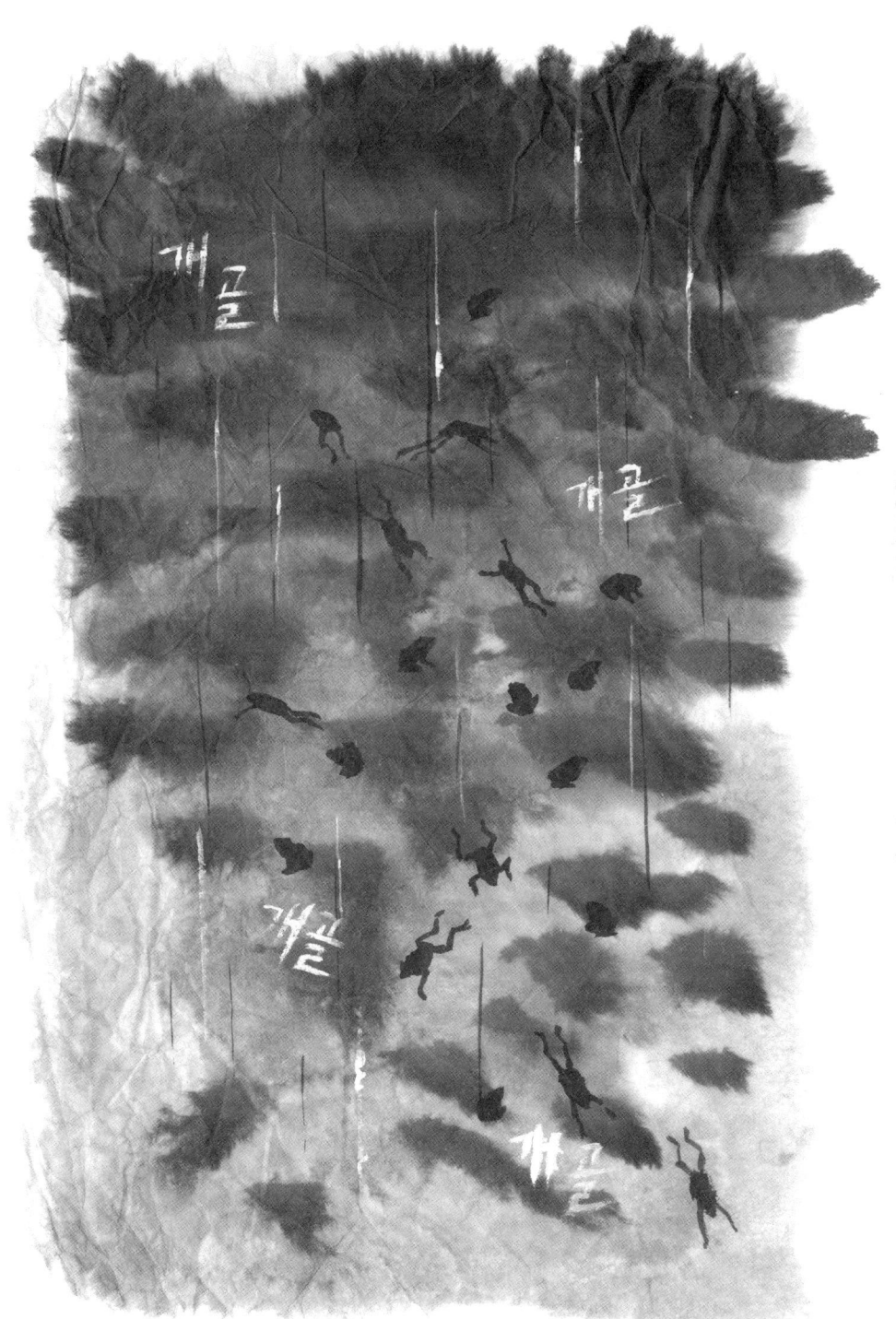

세상에, 저 사람들 좀 봐!

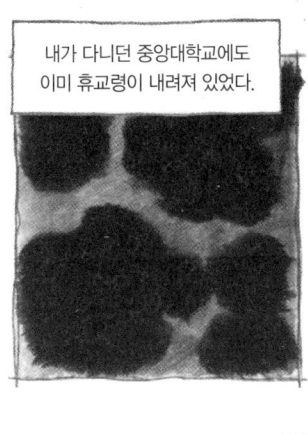

2
피난

우리 식구도 어느새 피난 가는 사람들 속에 섞여 있었다.

멈추고 싶어도 밀려오는 사람들한테 떠밀려 갔다.

길이 좁아서 길가 오이밭도, 베다 만 보리밭도, 토마토 포기들도 사람들에게 무참히 짓밟혔다.

아들이 지고 가는 지게 위 보따리에 올라앉은 노파.

고개가 자라목같이 되어 무거운 짐을 이고, 지고 가는 아낙네.

짐을 진 남정네.

그리고 사람들 속에 끼여 걸어가고 있는 부상당한 군인들도 보였다. 아마도 전투 도중에 소속 부대를 잃어버린 게 아닐까 싶었다.

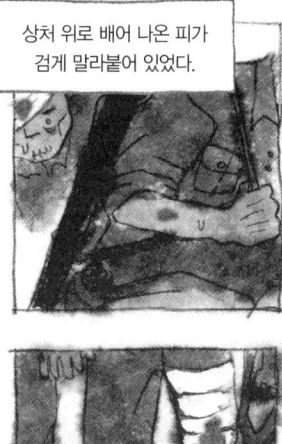

상처 위로 배어 나온 피가 검게 말라붙어 있었다.

비는 그쳤지만 구름은 아직도 낮게 드리워 있었다. 인파에 놀란 종달새들이 사람들 머리 위를 가로질러 구름 속으로 사라지곤 했다

그이가 하는 말은 방향을 잃은
비난이자 저주 어린 넋두리였다.

북쪽으로 발걸음을 돌리는 사람들이 몇 명 있었지만,
대부분은 남쪽으로, 남쪽으로 바쁘게 발걸음을 옮겼다.

다음 날 아침 일찍 다시 길을 떠났다.
길 위는 이미 피난민들로 붐비고 있었다.

철길 위로는 사람들을 가득 실은 열차가 남쪽으로 달렸다.

오산역 앞에 이르렀을 때, 마침 멈춰 있는 화물 열차가 보였다.
우리 식구는 사람들 틈에 끼여 역 안으로 들어섰다.

긴 열차였지만, 칸마다 사람들이 꽉 차서
지붕 위에까지 하얗게 붙어 있었다.

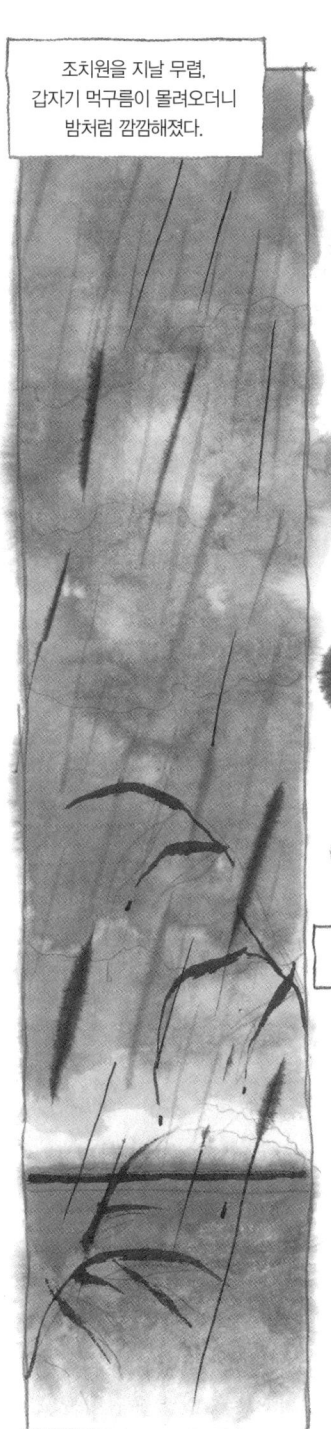

조치원을 지날 무렵, 갑자기 먹구름이 몰려오더니 밤처럼 깜깜해졌다.

비가 내리기 시작했다.

아이들은 속옷까지 흠뻑 젖어 덜덜 떨었다.

가슴 속에 품어 봤지만, 내 몸도 이미 젖어 있어 자그마한 그 몸의 떨림을 막아 줄 수 없었다.

날이 완전히 어두워지고 열차가 대전역에 도착했다.

지하도 입구에서부터 집찰구 앞까지 경찰관과 헌병이 두 줄로 지켜 서서 수상한 사람을 잡아내고 있었다.

거기!

형무소에서 나온 듯한 사람 여럿이 어디론가 끌려갔다.

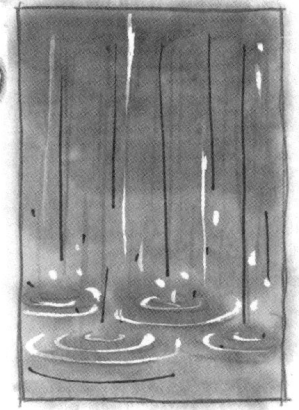

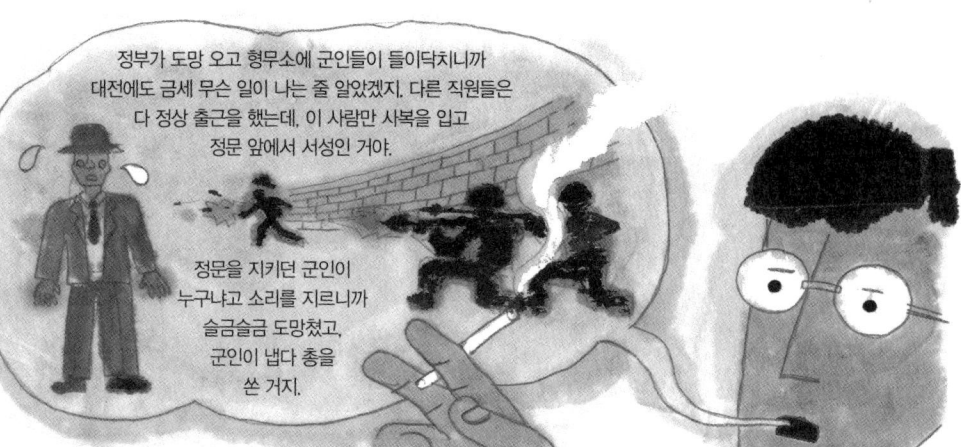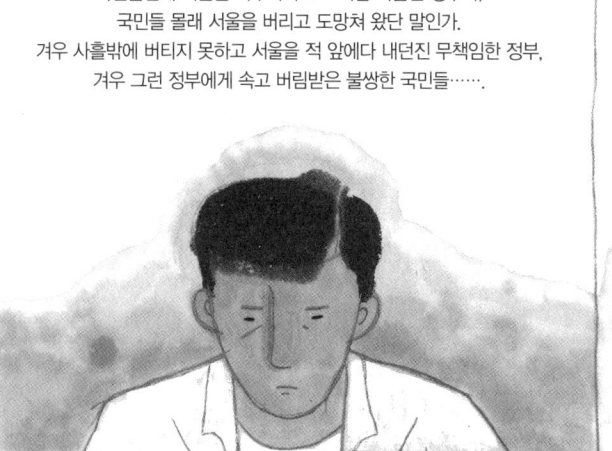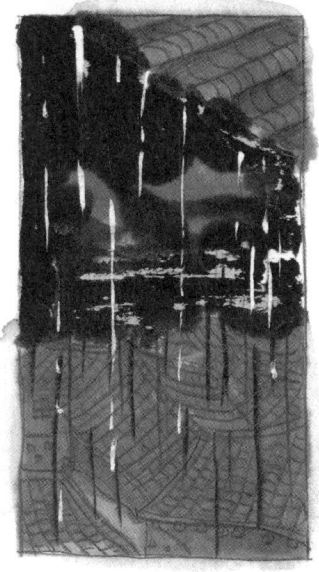

이튿날 아침, 우리는 형님 댁을 떠나 고향인 충청북도 영동군 주곡리로 향했다.

3
고향

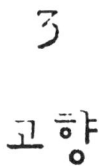

열 달 만에 돌아온 고향 마을은 달라진 것이 하나도 없었다.

한여름을 앞둔 6월 말의 따가운 햇볕.

풍성한 습기.

푸르른 풀과 나무들.

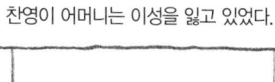

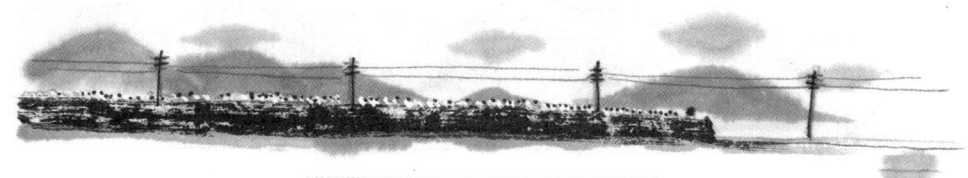

우리가 피난길을 나섰던 6월 28일, 인민군은 서울을 점령했다

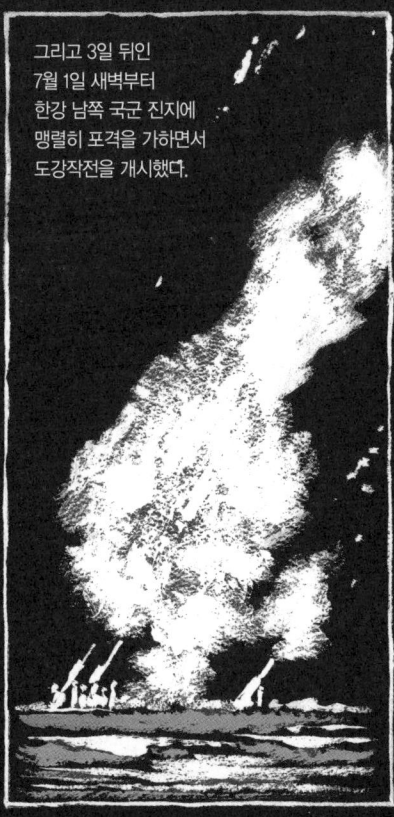
그리고 3일 뒤인 7월 1일 새벽부터 한강 남쪽 국군 진지에 맹렬히 포격을 가하면서 도강작전을 개시했다.

국군은 결사적으로 막으려 했으나 병력과 화력에서 인민군을 당해 내지 못했다.

7월 3일, 날이 채 밝기도 전에 인민군 탱크는 한강철교를 건너 노량진역까지 밀고 들어왔다. 인도교는 폭파했지만 철교는 그대로 남아 있었던 것이다.

이렇게 해서 한강 방어선이 무너져 버렸다. 참으로 어이없는 일이었다.

7월 5일 오후 2시 30분쯤.

오산 북쪽 죽미령에서 미군 선발대 스미스부대가 인민군에게 참패를 당했다

스미스부대는 보병 406명과 포병 134명, 모두 540명에, 대전차 무기로 75밀리 무반동포 2문, 2.36인치 로켓포 6문, 105밀리 곡사포 6문을 가진 대대 병력이었고, 인민군은 서울을 가장 앞서 침공한 제4사단 주력 부대였다.

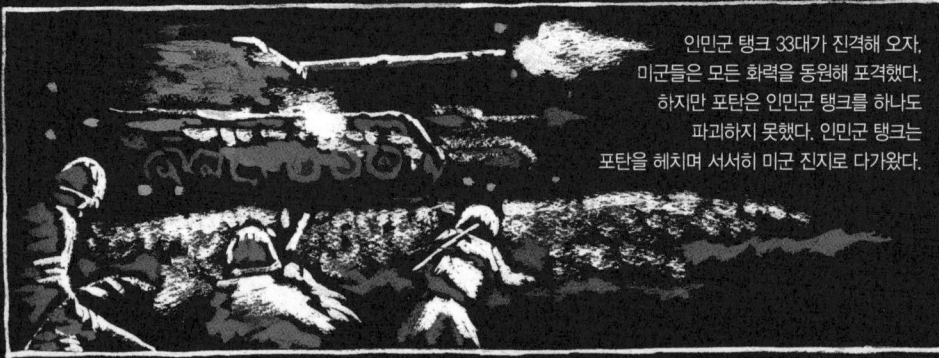
인민군 탱크 33대가 진격해 오자, 미군들은 모든 화력을 동원해 포격했다. 하지만 포탄은 인민군 탱크를 하나도 파괴하지 못했다. 인민군 탱크는 포탄을 헤치며 서서히 미군 진지로 다가왔다.

어머니는 미군의 패전 소식을 들은 뒤로 밤잠을 이루지 못했다.

며칠 전 형님이 정부 물품 수송차 대구로 갔기 때문에 대전에는 형수 혼자 어린 조카 넷을 데리고 남아 있었다.

곧 대전도 위험하게 될 것인데, 형수 혼자 어린것들을 데리고 어찌 피난을 할지 걱정이 컸던 것이다.

기차도 버스도 다니지 않는 데다, 인민군이 빠른 속도로 진격해 오고 있어서

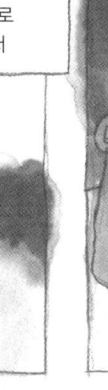

나도 선뜻 형수와 조카들을 데리러 백 리 길을 나설 용기가 나지 않았다.

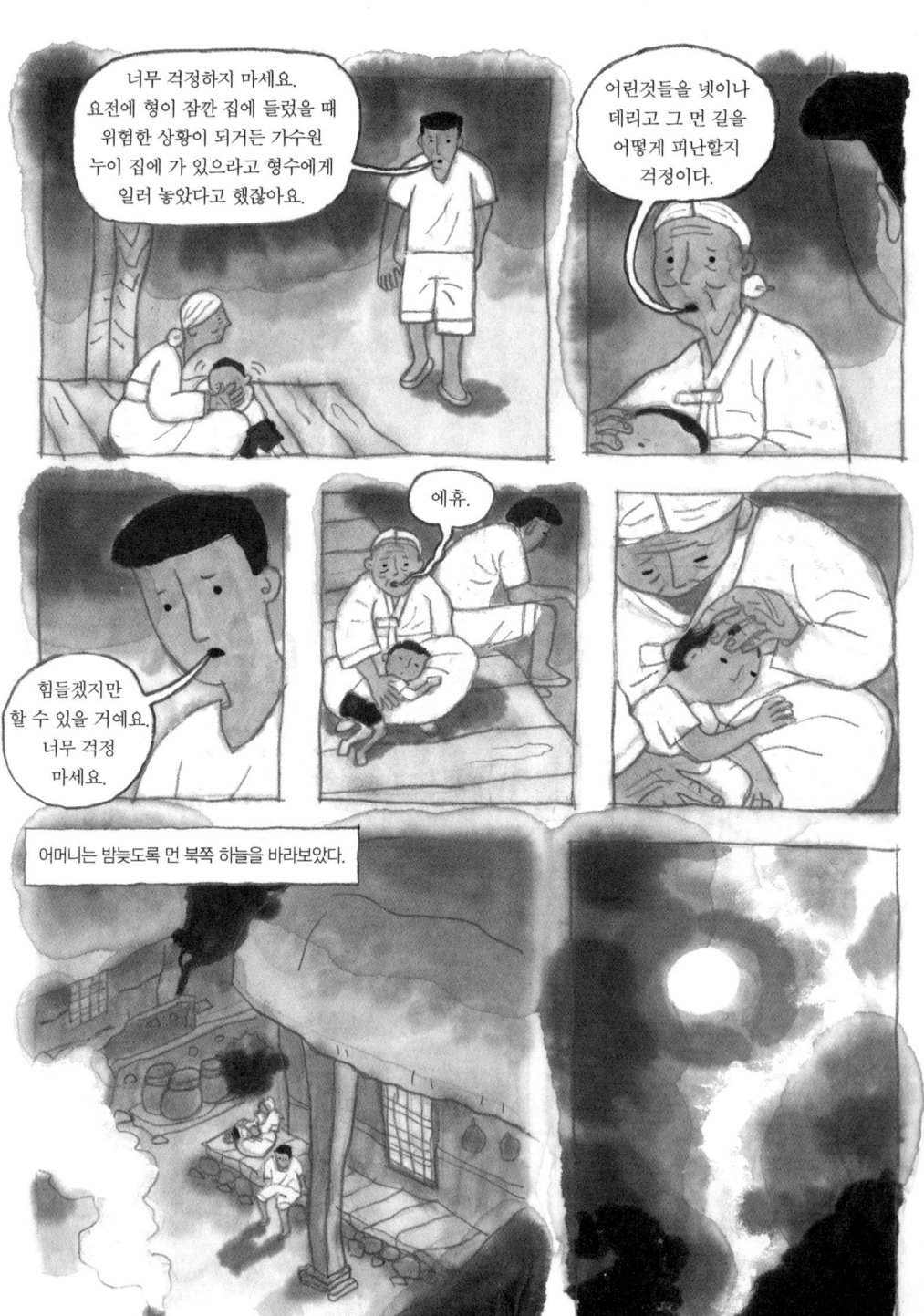

그런데 7월 12일 오후 늦게, 형님네 식구들이 고향으로 내려왔다.

청주에 사는 고종사촌 동생 김복종이 자전거 뒤에다 네 살 먹은 조카를 태우고, 그 뒤로 젖먹이 조카를 업은 형수가 열 살, 일곱 살 난 조카들을 데리고 들어왔다.

아이고!

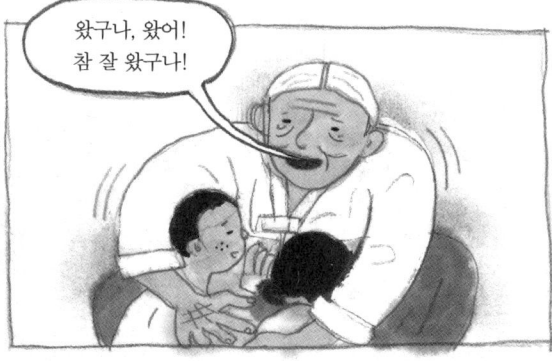

왔구나, 왔어! 참 잘 왔구나!

청주에서 피난 나오면서 대전 형님 댁에 들러 봤지요.

7월 7일, 유엔 안전보장이사회는 한국을 돕기 위한 유엔군 창설안을 가결하고, 맥아더 원수를 총사령관으로 임명했다.

7월 13일에는 도쿄에 있던 미8군 사령부가 대구로 이동해 왔다.

7월 14일에는 트리그베 할브단 리에 유엔 사무총장이 유엔 회원국들에게 한국 파병을 정식 요청했다.

7월 13일부터 17일까지 한국과 미국은 교섭을 열어, 한국군의 작전 지휘권을 유엔군 사령부로 넘기기로 했다.

이미 출동해 있던 딘 소장 휘하의 미 제24사단에 이어
7월 15일, 오사카에 주둔하고 있던 미 제25사단이 부산에 도착했다.
22일에는 도쿄에 주둔 중이던 미 제1기갑사단도 포항에 상륙할 예정이었다.

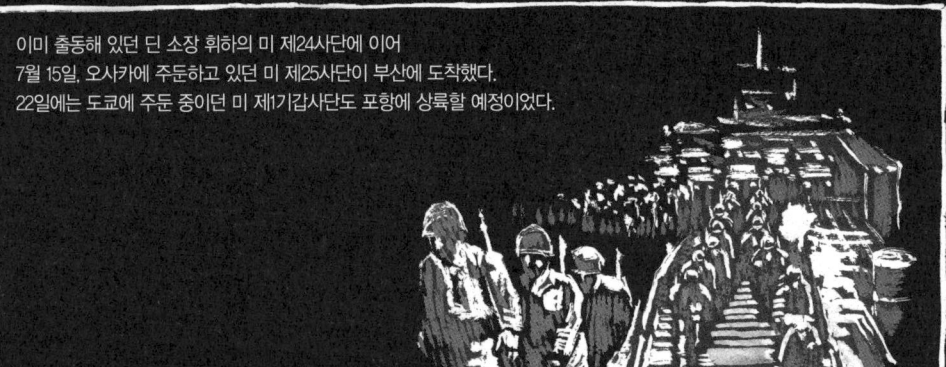

7월 초부터 미 극동군의 일부로 출격을 시작했던
호주 공군의 쌕쌕이(무스탕 전투기)들이
우리 마을 상공을 넘어 남과 북 사이를
뻔질나게 오가는 게 보였다.

유엔군의 전략은
후속 유엔군이 도착할 때까지
이들 육군과 공군이
인민군의 남하를 막으면서
부산 교두보를
확보하려는 것이었다.

그즈음 김매기를 끝낸 마을 사람들은 일손을 놓고 있었다.

농번기의 농촌은 일 하나를 마쳤다고 해서 쉴 수 있는 곳이 아니다.

가축들에게 먹일 풀을 베어 말리고, 퇴비도 만들어야 하고, 한여름 뙤약볕 밑에서도 쉴 새 없이 일을 해야 하는 것이 농촌 아닌가.

그런데 마을 사람들 모두 일손을 놓았다. 국군이 전쟁에서 밀리고 있었기 때문이다.

사람들은 낮에도 마을 앞 나무 밑 그늘로 모여들었다. 두세 명만 모여도 전쟁 이야기였다.

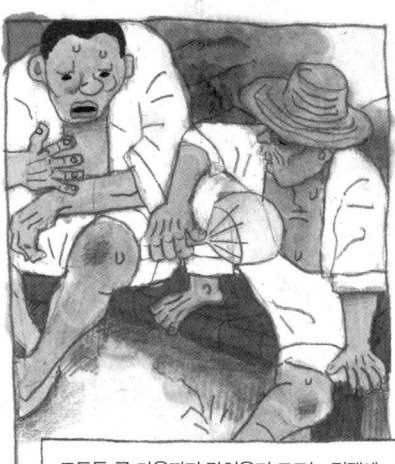

모두들 곧 마을까지 닥쳐올지 모르는 전쟁에 불안한 마음으로 시간을 보냈다

7월 14, 15일쯤.

미군 탱크와 트럭, 지프, 대포 들을 가득 실은 길고 긴 화물 열차와, 그 옆 도로에는 군인과 물자를 가득 실은 미군 트럭과 지프가 장사진을 이루며 북쪽으로 진격하는 것이 보였다.

콰르르

열차와 차량 행렬은 하루에도 수차례씩 여러 날 동안 이어졌다.

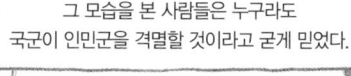

그 모습을 본 사람들은 누구라도 국군이 인민군을 격멸할 것이라고 굳게 믿었다.

마을 앞 나무 밑에 모여 앉은 사람들은 열차와 차량 행렬이 지나갈 때 마다 손뼉을 치고 소리를 지르며 기뻐했다.

7월 18일, 금강과 소백산맥에서의 지연작전도 한계점에 이르고 있었다.

미 제8군에서는 7월 22일에 포항에 상륙 예정인 미 제1기병여단 선발연대를
7월 20일까지 대전에 투입해 기존 부대와 합동해서 인민군의 공격을 막을 계획이었다.

미 제8군 사령관 워커 중장이 전선 시찰 차 대전에 도착했을 때, 미 제24사단장 딘 소장은
20일까지 대전을 방어하겠다고 했다. 하지만 대전 방어가 이미 한계점에
도달해 있는 전황을 파악한 워커 중장은
대전을 버리고 낙동강 방어선까지
유엔군을 철수시키라는 지시를 내렸다.

7월 20일 새벽 5시 30분쯤, 대전 시내에 인민군 탱크 부대가 나타났다. 미군들은 혼신의 힘을 다해 싸웠으나, 이미 열세였기에 결과는 역부족이었다.

그날 오후 5시 30분쯤, 영동 미 제24사단 사령부에 메시지 한 통이 들어왔다.

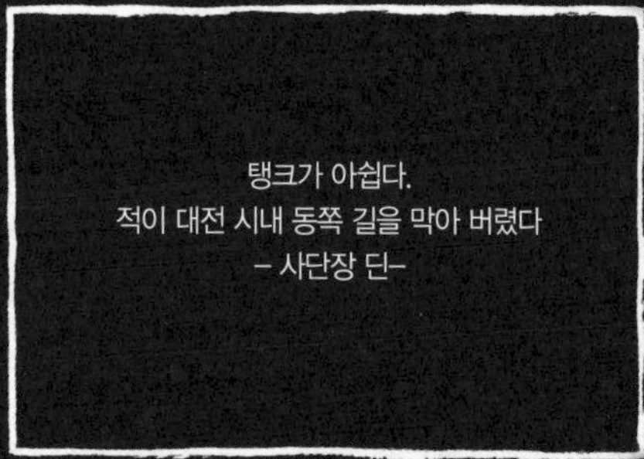

탱크가 아쉽다.
적이 대전 시내 동쪽 길을 막아 버렸다
- 사단장 딘-

오후 6시. 이렇게 대전 방어선은 끝장이 나고 말았다.

여러 날 동안 북쪽으로 올라간 미군들과 무기가 모두 남쪽으로 빠져나가는 것처럼 보였다.

아침나절이었다.

남쪽으로 가던 한 미군 포병대가 마을 냇가 모래밭에 진을 쳤다.

이 포병대 때문에 마을 앞 나무 그늘에 가지 못하게 되자 동네 사람들은 마을 회관으로 모여들었다.

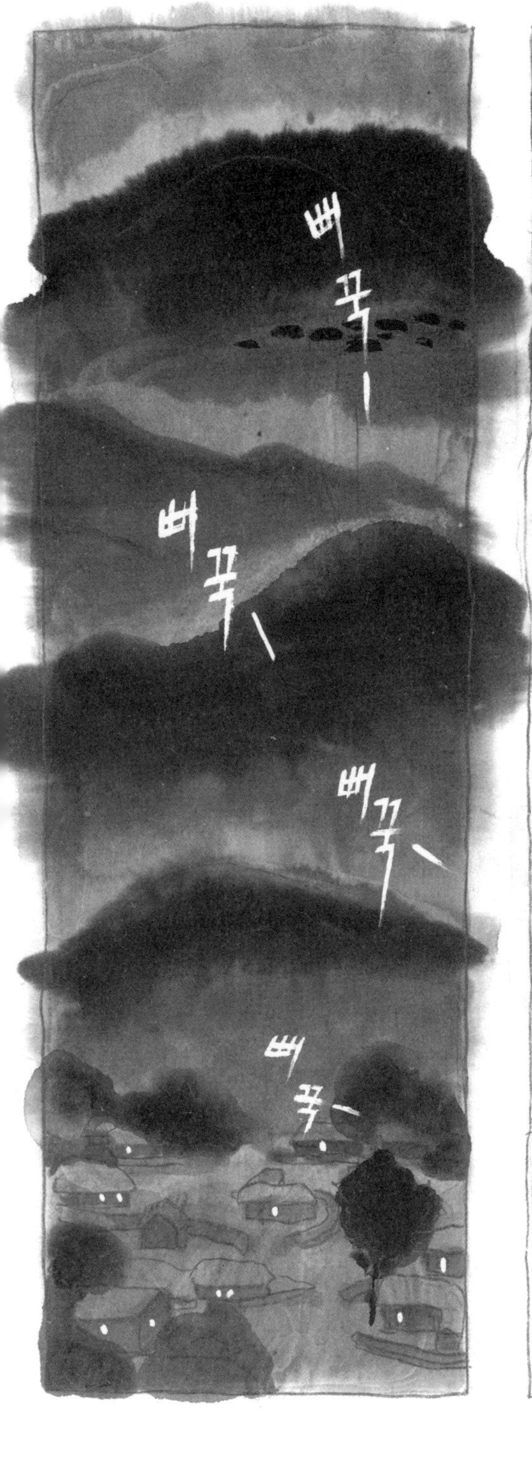
뻐꾹—
뻐꾹—
뻐꾹—
뻐꾹—

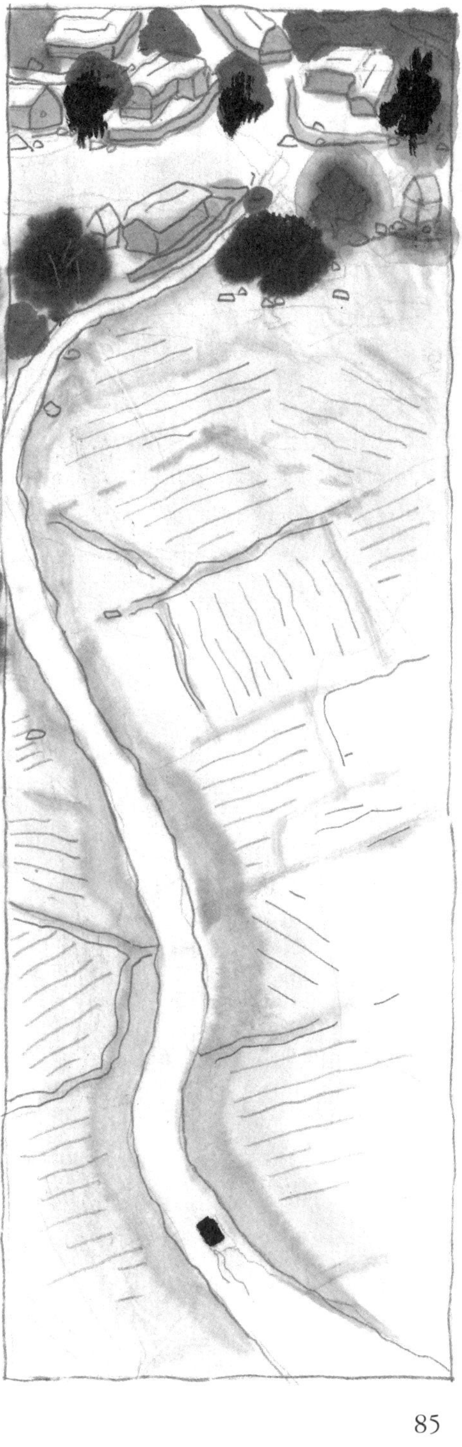

짐 꾸리는 소리, 짐을 이고 지며 내는 소리, 달구지 바퀴 굴러가는 소리, 주인 손에 잡힌 돼지와 닭들이 내는 소리……. 온갖 소리에 마을은 북새통이었다.

예로부터 우리 마을은 전쟁을 겪어 보지 않은 한적한 마을이었다.
그렇기 때문에 사람들은 전쟁이 얼마나 무서운지 아무도 알지 못했다.
피난을 어디로 어떻게 가야 하는지 아는 사람도, 알려 주는 사람도 없었다.

마을 사람들은 고향을 떠나면 굶어 죽는 줄로만 알았다.
늘 가난하게 살아온 사람들은 겨우 며칠 먹을 보리쌀이 그이들이 가진 전부였다.

마을 사람들 가운데 누구도 공산주의에 대해 아는 사람이 없었다. 부자도 가난한 사람도 없이 고루 나눠 갖고, 고루 잘 살게 해 주는 나라를 만드는 게 공산주의라는 것이 그이들이 아는 전부였다. 그렇다 보니 아군의 패색이 짙어지자 공산주의 세상도 괜찮겠거니 생각하는 사람도 더러 눈에 띄었다. 그만큼 우리 마을 사람들 대부분은 무색 또는 회색 의식을 가진 사람들이었다.

> 마을 사람들은 멀리 가려 하지 않았다. 아니 멀리 갈 수가 없었다. 누가 이끈 것도 아닌데 모두들 큰산 밑으로 들어가고 있었다. 멀리 남쪽에서 솟기 시작한 소백산맥이 지리산, 백운산, 덕유산을 징검다리 삼아 속리산을 향해 뻗어 올라가다가, 민주지산께에서 가지를 만들어 왼쪽으로 살짝 밀어 올린다. 이 지맥은 본맥에 뒤질세라 험준한 산세를 만들며 추풍령 코앞까지 뻗어가는 것이다. 우리 마을에서 남쪽으로 2킬로미터 남짓 떨어진 곳을 지나가는 이 소백산맥의 지맥을 마을 사람들은 큰산이라 불렀다.

산세가 웅장하다 하여 그러한 이름을 붙였을 터이지만, 산은 그 이름에 걸맞은 광대한 품속에서 헤아릴 수 없는 자원들을 만들어 내고, 보듬으며 오랜 세월을 지나왔다. 마을 사람들은 이 산과 뗄 수 없는 인연을 맺으면서 살아왔다. 때문에 이 산은 우리 마을 사람들에게 어머니와같이 포근하고 친밀한 존재였다.
마을을 등진 사람들은 큰산을 향해서 양쪽에 솟아 있는 산 사이로 난 좁은 골짜기로 걸어 들어갔다

집을 얻어 들지 못해 마을 앞 느티나무 그늘과 실개천 옆 풀밭에 앉아 있던 사람들은 비를 피해 마을로 몰려왔다.

방에도 마루에도 사람들이 넘쳐 났다.

나무 밑과 풀밭에 늘어놓은 짐들은 들여놓을 데가 없어 그대로 비에 젖었다.

추녀 밑까지 사람들이 꽉 들어찼다.

우리 식구는 일찍이 디딜방앗간에 얻어 들었다.

밤이 깊어 가면서 빗방울이 더욱 굵어졌다.

어른들은 벽에 기대어 앉아 밤을 새기로 하고, 어린애들만 바닥에 눕혔다.

새근거리는 숨소리만 들릴 뿐, 인기척은 들리지 않았다.

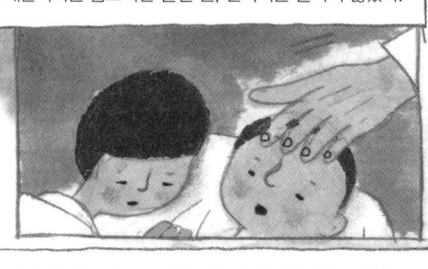
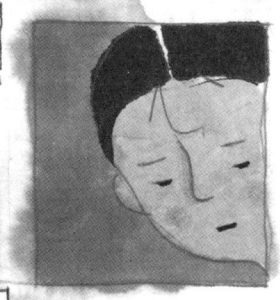

뒤뜰 감나무 잎을 두들기는 빗소리만 심란하게 들려왔다.

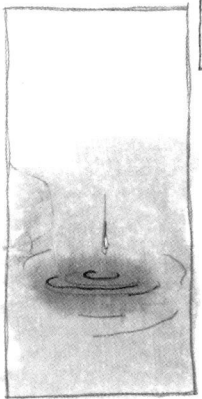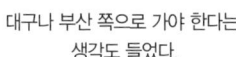

『그러므로 내가 너희에게 이르노니, 목숨을 위하여 무엇을 먹을까 무엇을 마실까 몸을 위하여
무엇을 입을까 염려하지 말라. 목숨이 음식보다 중하지 아니하며 몸이 의복보다 중하지 아니하냐.
공중의 새를 보라. 심지도 않고 거두지도 않고 창고에 모아들이지도 아니하되
너희 천부께서 기르시나니 너희는 이것들보다 귀하지 아니하냐.
너희 중에 누가 염려하므로 그 키를 한 자나 더할 수 있느냐.』

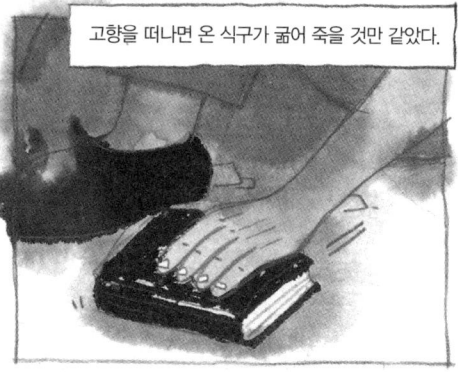

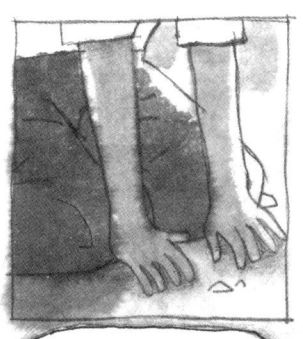

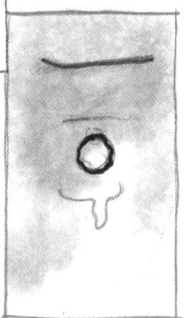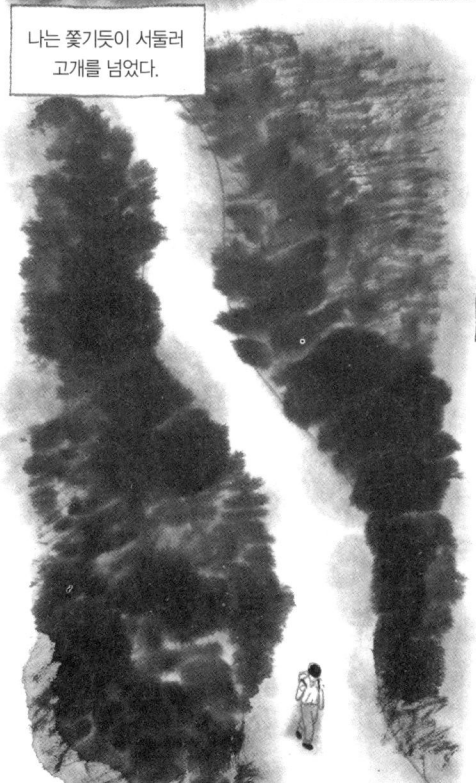

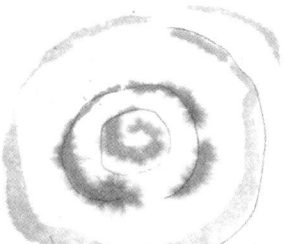

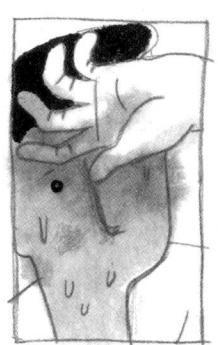

쉴 새 없이 땀이 배어 나왔고, 배낭에 눌린 등가죽이 후끈거렸다. 나무 그늘을 따라 걸었지만 더위는 가시지 않았다.

비에 흠뻑 젖은 검은 흙길 위에 햇살이 내리쬐고 있었다. 산을 넘어온 바람이 도로를 가로질러 들판으로 빠져나가곤 했다. 길게 늘어선 나무에서는 매미들이 울어 댔고, 해가 중천에 떠올라 땅을 달구기 시작했다.

한참을 걸어 황간 가까이에 갔을 때, 왼쪽 철로 밑에 휑하니 뚫린 굴이 눈에 들어왔다. 굴속이 무척 시원해 보였다.

나는 무엇인가에 끌리듯 굴속으로 걸어 들어갔다.

굴속에는 물이 흐르고 있었다.

나는 가방을 벗어 던지고 세수를 했다.

얼굴에서 떨어지는 물방울과 내 헛기침 소리가 콘크리트 벽에 부딪쳐 작게 울렸다.

  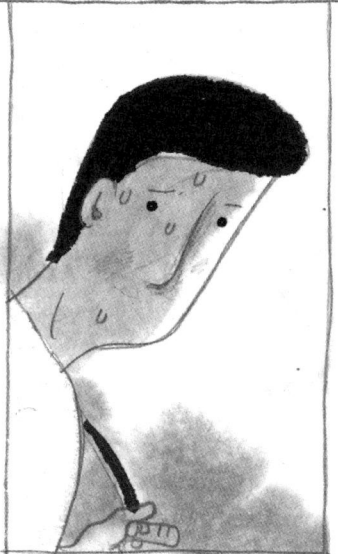

서둘러 굴을 빠져나와, 안쪽을 돌아봤을 때는 왠지 괴기한 느낌마저 들었다.

그때는 미처 몰랐다.

그 굴이 며칠 뒤에 피로 물든 저주의 장소가 되리라고는…….

4
남쪽으로 가야 산다

철로와 나란히 놓인 도로 양쪽과 터널 들목에서 경찰관들이 피난민들 몸과 짐을 한 사람 한 사람씩 샅샅이 뒤지고 있었다.

황간 시내로 들어가는 길목에 있는 철로 터널 밑에는 피난민들이 인산인해를 이루고 있었다.

그거 돌려주소.

지도는 모두 압수하라는 상부의 지시가 있었소!

우리는 피난민 가운데 숨어들 수 있는 간첩을 철저히 색출하라는 엄명을 받았소!

검색을 하는 자와 받는 자 모두 더위 때문에 얼굴이 홍당무같이 빨갛게 익어 있었다.

거기서 시간을 많이 빼앗겨, 추풍령 고개에 다다랐을 때는 이미 해가 지고 발밑으로 땅거미가 밀려왔다.

동이 트자마자 나는 바쁘게 그 집을 나섰다.

비탈길을 기어 올라갔을 때, 저만치에서 미군 병사 둘이 부르는 소리가 들렸다.

M1 소총을 멘 채 내 쪽으로 다가왔다.

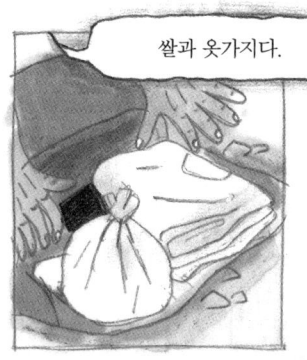
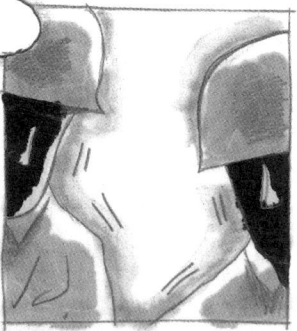

김천 시내에 들어서자, 어수선한 분위기가 느껴졌다. 전세를 알아차린 시민들이 피난을 서두르고 있었다. 길거리에는 짐을 실은 달구지며 손수레가 달음박질하고, 사람들은 이리저리 허둥대고 있었다.

나는 먼저 우시장 근처에 있는 먼 친척 정공삼네 집을 찾아갔다.

그 집 식구들도 짐을 다 싸 놓고 이튿날 떠날 채비를 하고 있었다.

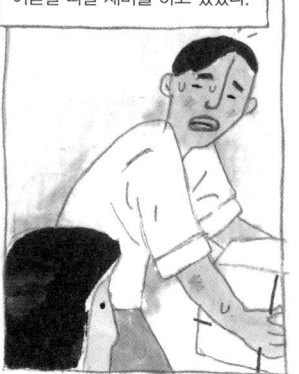

정공삼의 집에 짐을 풀고 거리로 나갔다.

집 근처 국민학교 운동장에는 군용 트럭과 미군들이 가득했다.

북쪽에서 후퇴해 온 군인들로 보였다.

시내 쪽으로 밀려오는 사람들로 길이 미어터질 듯했다.

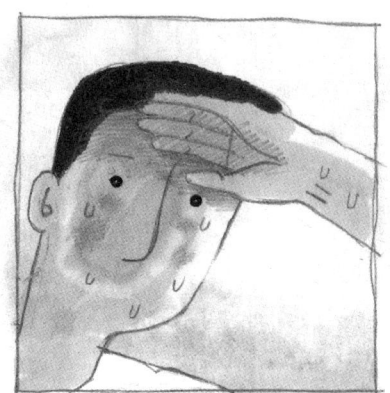

높은 곳에 서서 그 많은 얼굴들 하나하나를 눈이 빠지게 내려다보았지만 우리 식구들 얼굴은 보이지 않았다.

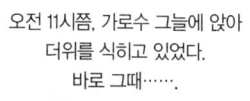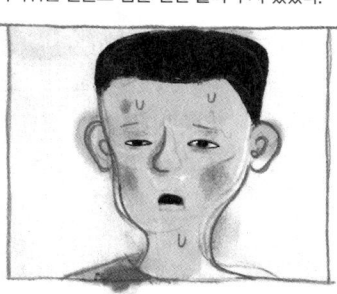

미군들이 동네 사람들을 많이 죽였어요. 우리도 죽을 뻔 했어요. 겨우 도망쳐 왔어요.

나는 한동안 구식이 하는 말이 도무지 믿기지 않았다.

'우리를 위해 싸우러 온 미군이 무고한 사람들을 무턱대고 죽일 리가…….'

구식아, 지금 네가 한 말이 정말이니?

네. 틀림없어요.

구식은 함께 도망쳐 온 친구들을 바라보았다.
세 소년의 얼굴에는 겁에 질린 모습이 그대로 남아 있었다.

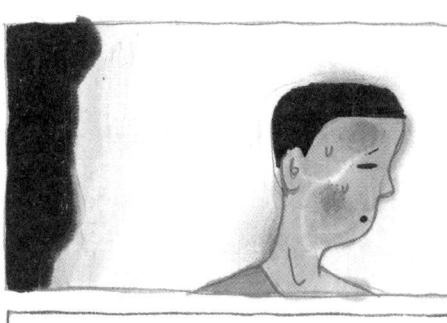

아이들은 미군 비행기가 쏜 포탄에 맞아 철로가 엿가락같이 휘어졌다느니, 철길에 고삐를 매어 놓은 피난민들의 소가 몰살을 당했다느니 하는 비참한 이야기를 되는 대로 떠들어 댔다.

어린아이들이 하는 말이라 상황을 정확하게 파악하기는 어려웠지만, 마을 사람들이 미군들에게 엄청난 살상을 당한 사실만은 알 수가 있었다.

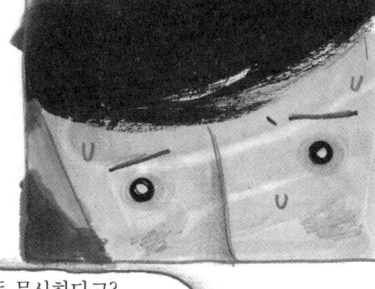

괜찮으셔요.

모두 무사하다고?
할머니 할아버지도 괜찮으셔?

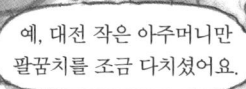

구식아, 우리 식구들은 어찌 됐냐?

예, 대전 작은 아주머니만 팔꿈치를 조금 다치셨어요.

뭐, 뭐라고?
작은 아주머니가 다쳤다고?

철도 굴속 말이에요. 비행기 폭격에서 살아남은 사람들이 거기로 도망쳐 들어갔는데 미군들이 굴속에도 총을 쏴 댔어요. 거기서도 마을 사람들이 수없이 죽었거든요. 그래서 우리는 도망쳐 왔어요.

구식이 입에서 점점 복잡하고 끔찍한 말이 쏟아져 나왔다. 굴속에서 벌어진 일을 더 알고 싶었지만 지금 당장 중요하고 급한 것은 이 아이들을 데리고 피난하는 일이었다.

지금 거기서 전쟁을 하고 있는데 어떻게 가냐? 위험해서 안 된다.

싫어요, 안 갈래요.

우리라도 살아야지. 아저씨랑 남쪽으로 가자.

갈 수 있어요. 산길에는 군인들이 없던데요. 그 길로 가면 괜찮을 거예요.

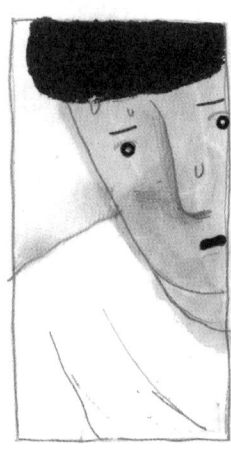

한 시간 남짓 달린 뒤, 열차는 종착지인 대구역에 도착했다.

역무원과 경찰관이 출입문을 막고 있었지만, 나는 무사히 역 앞 광장으로 빠져나갔다.

그리고 곧장 대구 형무소로 갔다.
대전 형무소에 일하던 형님이 수송차
대구 형무소로 갔다고 했기 때문이다.

5

재회

형님은 형무소 담장 밖 무도장에 세운 '피난 형무관 및 가족 수용소'에서 지내고 있었다. 나도 거기서 함께 지내기로 했다.

대구에 온 지 4~5일이 지난 8월 1, 2일쯤이었다.

고종사촌 동생 복종이가 제 동생 복희와 함께 수용소로 형님을 찾아왔다.

불과 일주일 남짓 만에 다시 만난 두 사람은 몰골이 말이 아니었다. 대구까지 오는 동안 얼마나 고생을 했는지 알 수 있었다.

복종은 곧 자기가 겪은 끔찍한 이야기를 풀어 놓기 시작했다.

형님이 떠난 다음 날인 7월 25일, 해 질 무렵이었을 거예요. 미군들 10여 명이 트럭을 타고 임계리 들머리까지 왔더라구요…….

그때 전 동무들 대여섯 명이랑 동구 밖 느티나무 밑에서 더위를 식히고 있었어요.

미군들이 차에서 내리더니 우리한테, 남쪽으로 피난시켜 줄 테니 사람들을 다 불러 모으라더군요.

소식을 들은 사람들이 마을과 산에서 내려와 모여들기 시작했어요.

그런데 미군들이 모여들던 사람들 가운데 젊은 남자들 10여 명을 골라내더니,

그 사람들만 데리고 골짜기를 빠져나갔어요.

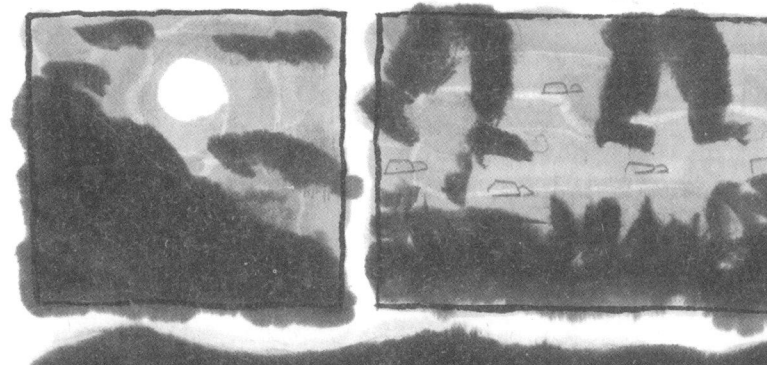

우리 고향 마을 주곡리에서 황간 쪽으로 국도를 타고 6~7백 미터쯤 걸어, 새재 마을 앞까지 갔어요.

그러더니 우리를 철로 너머로 끌고 갔어요.

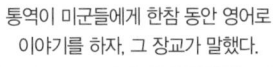

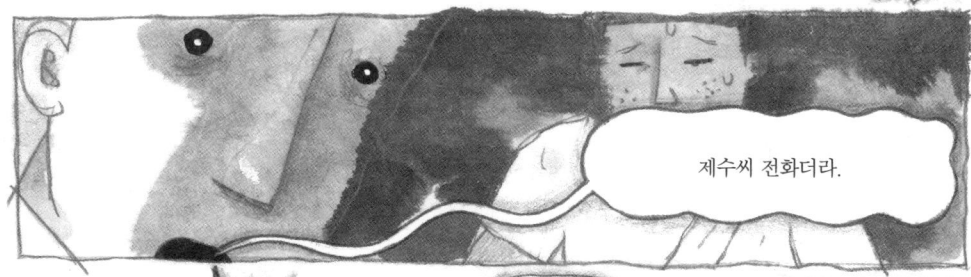

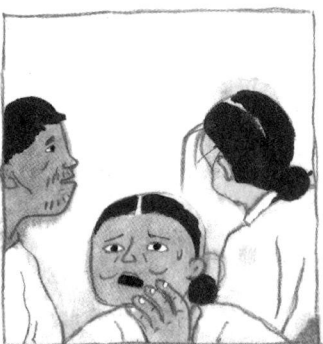

수용소 안은 삽시간에 술렁이기 시작했다.

나는 복종, 복희 형제와 함께, 부산으로 가려고 수용소를 나와 대구 시내 쪽으로 걸어갔다.

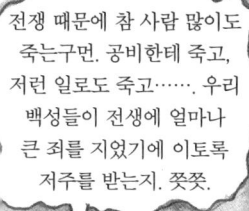

더위가 극성을 부리기 시작하자 한낮에는 도저히 길을 갈 수가 없었다.

낮에는 나무 그늘에서 쉬거나, 낙동강 물에 더위를 식혔다.

배가 고프면 돌을 쌓아 올리고 냄비를 걸어 밥을 지었다.

아침 일찍이나, 해가 진 뒤에는 걸음을 재촉했다.
우리는 며칠 동안 이런 여행을 계속했다.

사람들은 끊임없이 남쪽으로 밀려났고, 남녘 땅은 점점 줄어들어 가는 곳마다 피난민들이 넘쳐 났다.

길이라고 생긴 데는 어느 곳이고 피난민들이 떼 지어 있었고, 나무 그늘이라고 생긴 데는 어느 곳이고 나그네들로 가득했다.

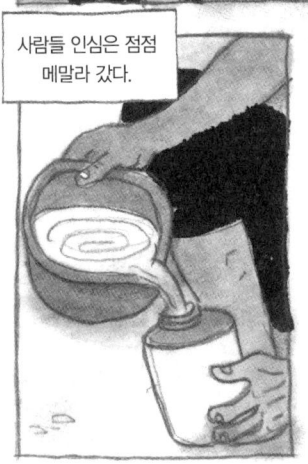

사람들 인심은 점점 메말라 갔다.

우물물을 얻는 것조차 눈치를 봐야 했고,

잠자리를 얻어 드는 것은 아예 생각조차 할 수 없었다.

우리도 남들이 하는 대로 땅을 요로 삼고, 공중에 뻗은 나뭇가지를 이불 삼아 잠을 잤다.

비가 올 때는 잿간이나 물방앗간에서 하룻밤을 보내기도 했다.

어느덧 우리는 남성현 땅에 들어섰다.

모두들 기다리시오!

군인들이 철로 굴 들목과 철로 옆 도로를 막고 서 있었다. 상부 명령이라며 피난민들을 남쪽으로 가지 못하게 했다. 꼼짝달싹 못 하게 되었는데, 비까지 내려 우리는 추위에 덜덜 떨었다.

이튿날 정오 무렵, 남쪽으로 가도 좋다는 허가가 났고, 사람들은 봇물 터지듯 등성이를 향해 앞다투어 내달았다.

남성현 광장에도 모병소가 설치되어 있었다.

책상 하나를 놓고 그 옆에
모병소라고 쓴 팻말을 세워 놓았다.

입대를 하려는 청년이 다가가자,

중위가 몇 가지 질문을 한 뒤,

종이를 청년 앞으로 내밀었다.

……

형님…….

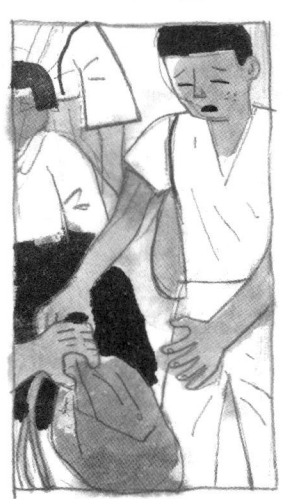

그렇게 복종을 보내고, 나와 복희는
한쪽 팔을 잃은 것 같은 마음으로 그곳을 떠났다.

그날 밤은 어느 작은 시골 마을에서 맞았다.
동네 청년들이 올벼를 베어 낸
논 가운데로 피난민들을 데려갔다.

거기서 밤을 새라는 것이었다.

부산이 가까워지자.

우리는 발걸음이 한결 가벼워졌다.

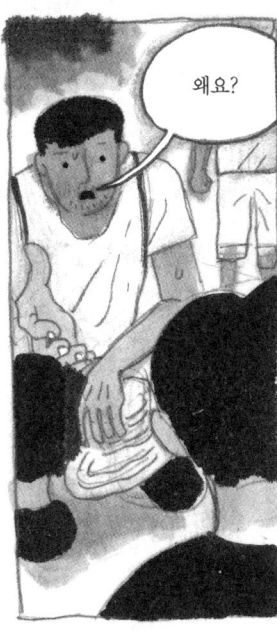

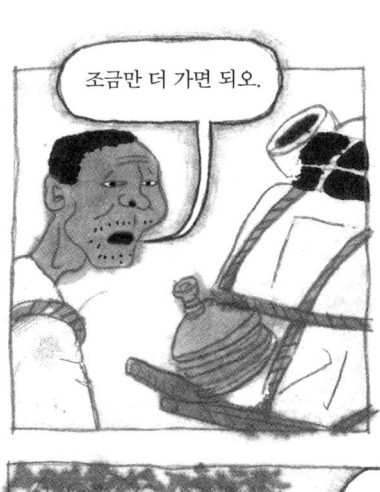

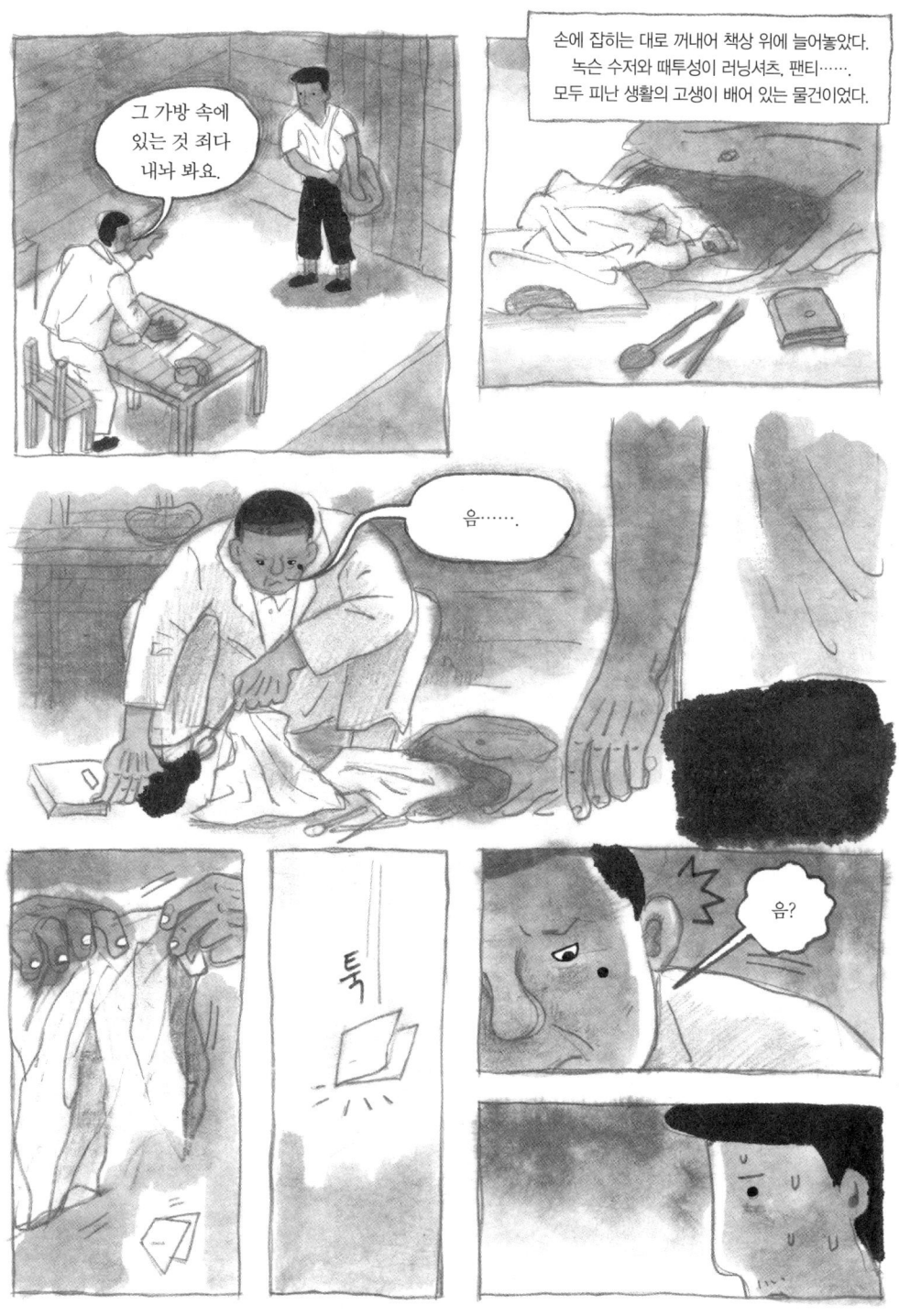

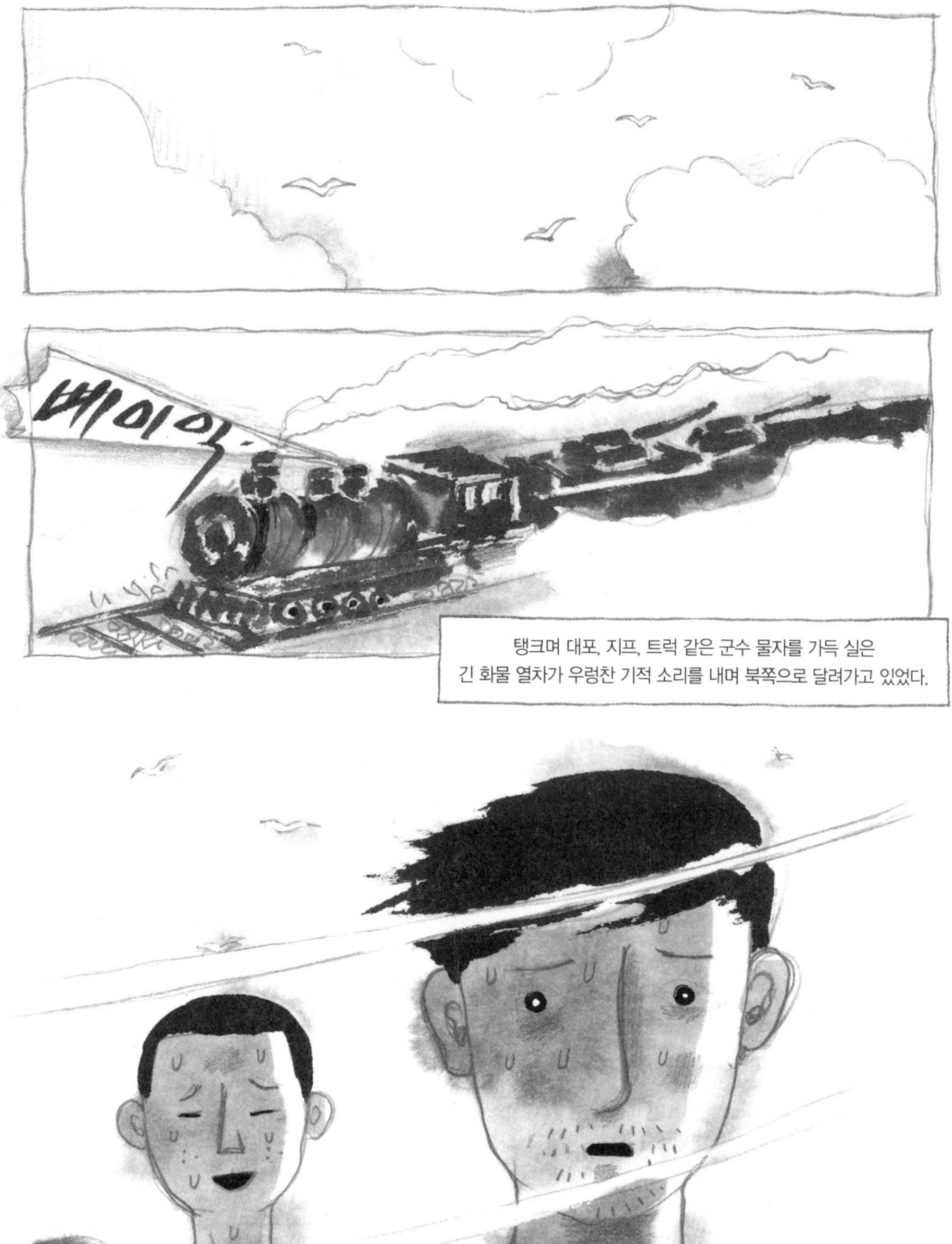

탱크며 대포, 지프, 트럭 같은 군수 물자를 가득 실은 긴 화물 열차가 우렁찬 기적 소리를 내며 북쪽으로 달려가고 있었다.

고개에 올라서니 부산 시내가 한눈에 들어왔다.

부산에 도착하자마자, 아내가 입원하고 있다는 토성국민학교를 찾아갔다. 정문에 임시로 마련된 위병소에 군인 두 사람이 앉아 있었다.

저……, 박선용이라는 사람을 찾는데요.

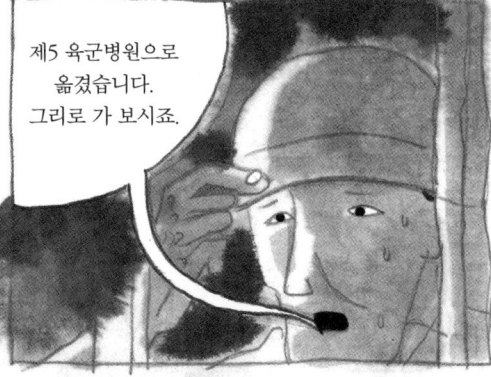

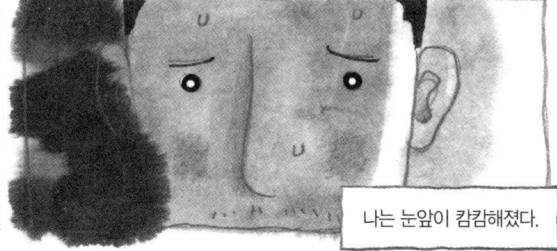

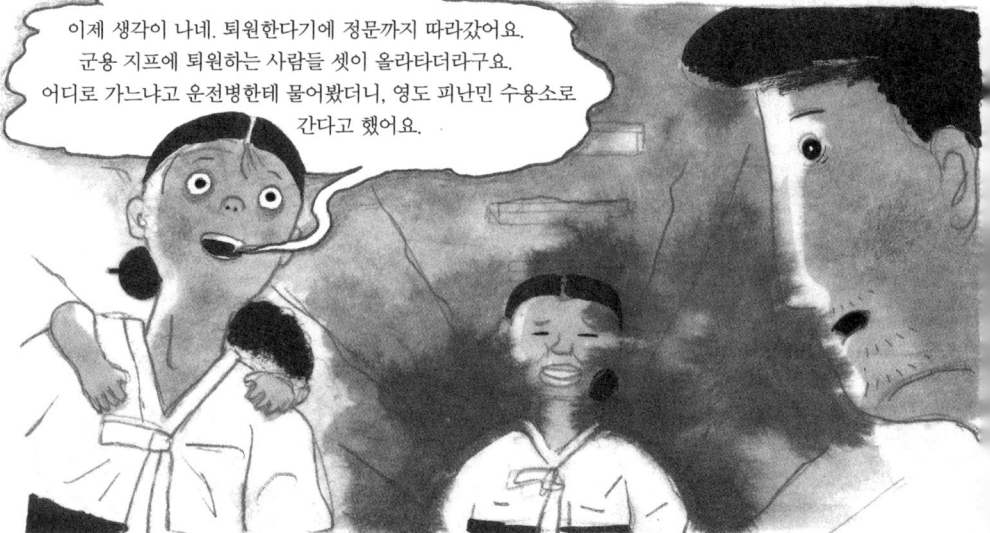

이번에는 아내를 찾아다녔다. 건물 한쪽 끝에서 다른 쪽 끝까지 발길을 옮기며 교실 안을 들여다보았다.

어두컴컴한 교실에 짐 보따리들과 사람들이 콩나물같이 박혀 있었다.

그 가운데 아내는 보이지 않았다.

초조한 마음을 안고 뒷마당으로 갔다.

여자 네댓 명은 수돗가에서 빨래를 하고 있고, 열댓 명이 그 둘레에 모여 이야기를 하고 있었다.

아내는 소리 높여 울었다.

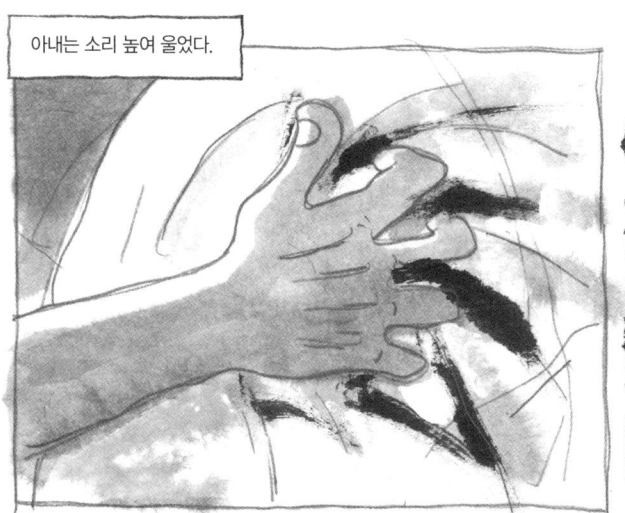

아내의 등이 크게 파도쳤다.

나는 아이들이 죽었을 것이라는 불길한 예감이 들었다.

예감은 틀리지 않고, 걷잡을 수 없는 슬픔이 되어 내 뼛속으로 파고들었다.

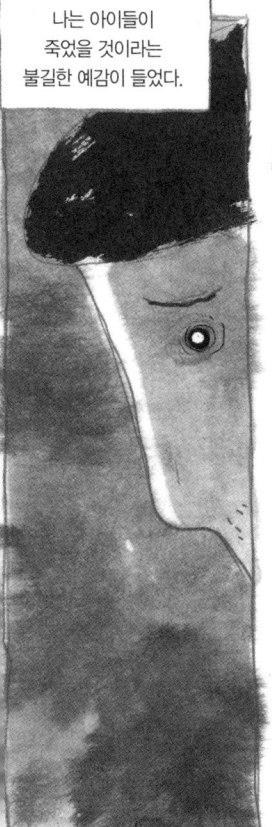

이제 내 삶에 모든 행복은 끝났다…….

6
학살

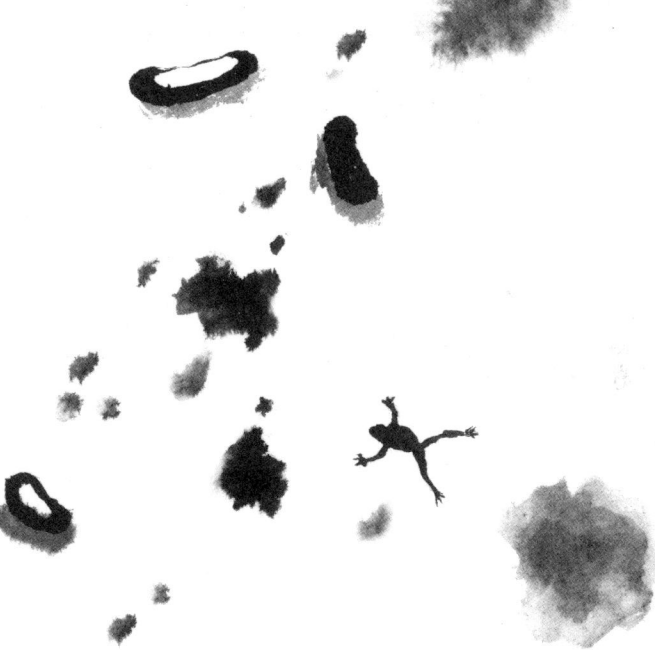

7월 24일

구필아, 할애비랑 튼튼한 집 만들자.

할아버지, 이거요.

멀리 서쪽 하늘에서 벌건 불이 타오르고, 쿵쿵 울리는 소리는 땅을 뒤흔들었다.

사람들 머리 위로 불덩어리가 포물선을 그리며 날기 시작했다.

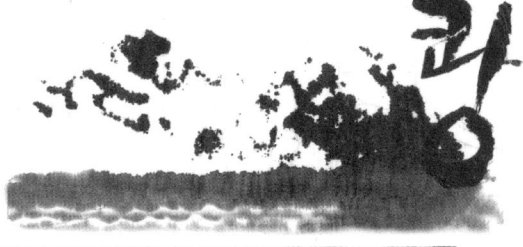

먼 곳에 떨어진 포탄이 큰 폭발음을 냈고, 그 소리가 몇 겹으로 메아리쳐 고막을 찢는 듯하였다. 그때마다 먼 하늘이 불길에 휩싸이는 모습이 사람들 눈에 들어왔다.

7월 25일

날이 밝자, 일찍부터 산속을 떠나는 집이 여럿 있었다.

식구도 단출하고 짐도 적은 사람들이었다.

폭음과 화염은 새벽녘이 돼서야 멎었다.

임산이나 상촌에 머물든지. 여차하면 지레나 고령까지 가 보는 거지 뭐.

오늘 밤도 그럴 테니, 어디 살겠어. 하여간 재를 넘고 보는 거여.

여자들은 해가 지기 훨씬 전부터 저녁을 준비했다.

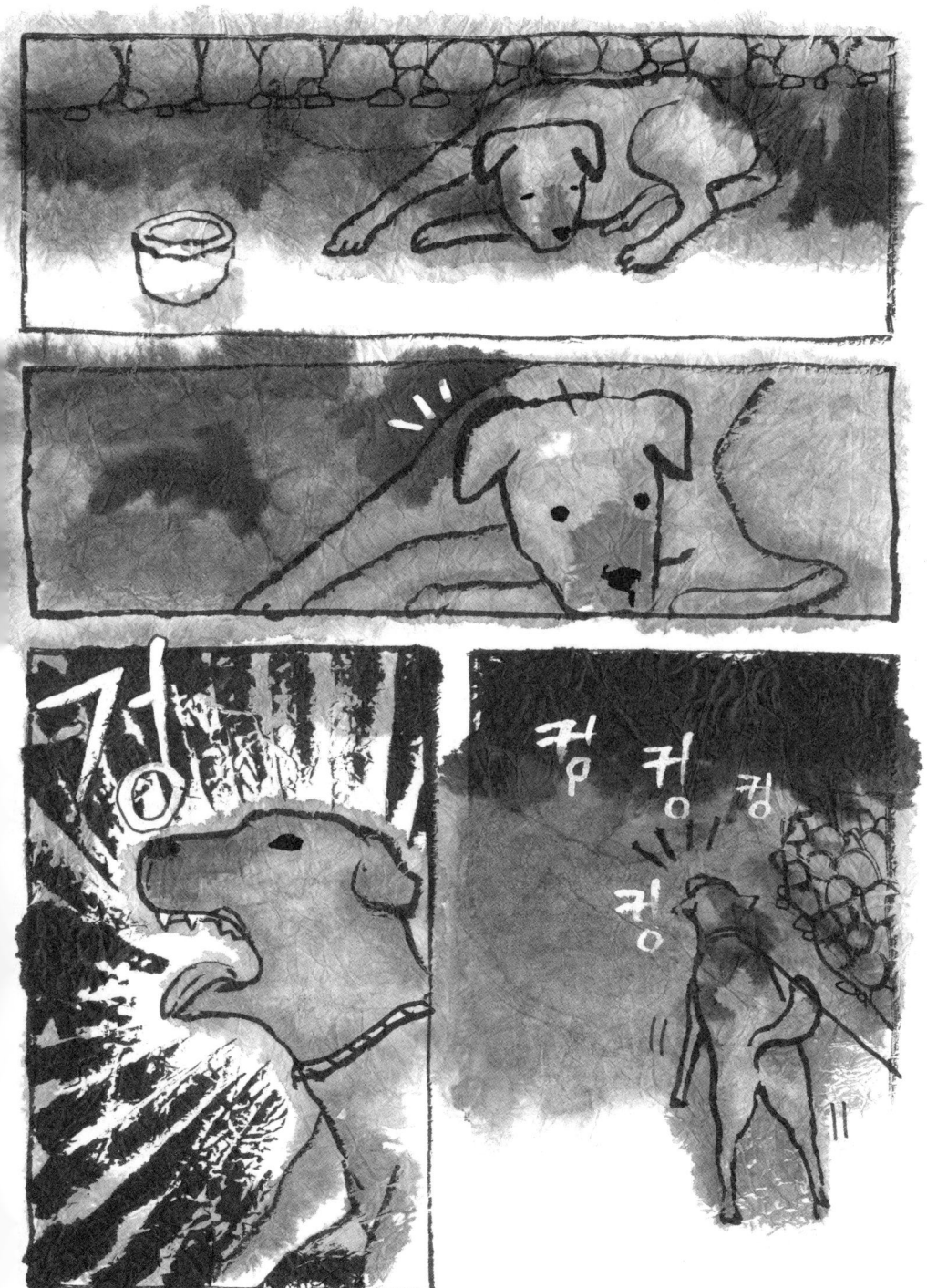

비행기가 사라진 지 두세 시간이 지난 해거름에 미군 한 떼가 트럭을 타고 임계리로 들이닥쳤다.

지휘관처럼 보이는 한 사람이 때마침 동네 어귀에서 더위를 식히고 있던 청년들 대여섯 명한테 다가가 일본인 통역을 통해 말했다.

Yes sir!

트럭에 태워 남쪽 안전지대로 피난시켜 줄 테니 모두들 집합하라고 전해 주시오!

전날 밤부터 불안에 떨던 사람들은 소식을 듣고 서둘러 모여들기 시작했다.

사람들은 미군이 하라는 대로 어두운 밤길을 걸었다.

미군들은 피난민들 앞뒤, 양옆에 서서 길을 안내하며 감시했다.

에고.

으앙

악

노인과 어린아이들, 짐을 잔뜩 실은 소달구지, 힘에 부치도록 이고 진 짐들 때문에 사람들 걸음은 느릴 수밖에 없었다.

미군들은 야광 손목시계를 들여다보며 빨리 가도록 재촉을 해 댔다.
그러나 아무리 독촉을 받아도 사람들은 더 이상 속도를 낼 수가 없었다.

미군들은 결국 욕을 퍼붓기 시작했다.

미군들이 화났나 봐.

구필아.

아이고, 허리야.

짐이 얼마나 무거운데, 어찌 빨리 가란 거여.

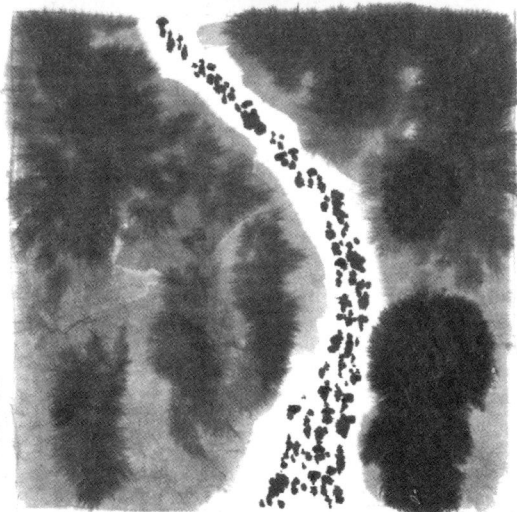

국도를 따라 동쪽으로 1.5킬로미터쯤 걸어갔을 때였다.

털 털 털 털

털 털 털 털

그곳은 당시 군에서 임시 비행장으로 쓰던
영동읍 하가리 마을 앞이었다.

총을 든 미군 여러 명이 둘레에 서서 사람들을 감시했다.

공중에서는 전날 밤과 같이 불덩어리들이 솟아오르고, 포탄이 터지는 소리가 멀리서도, 가까이서도 들려왔다.

쿵— 쿵— 쿵—

한밤중에도 도로 위에는 군용차들이 흙먼지를 일으키며 꼬리를 물고 남쪽으로 달려갔다.

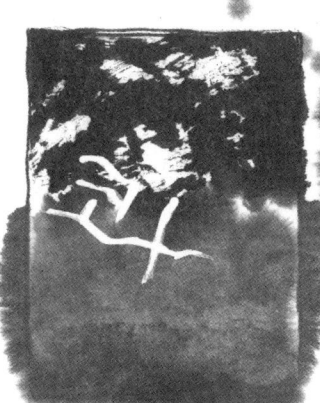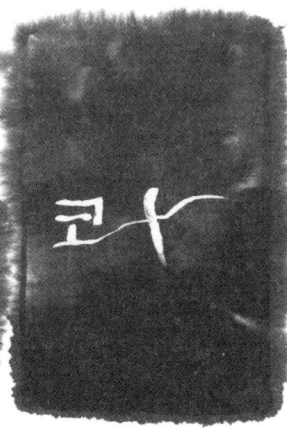

7월 26일

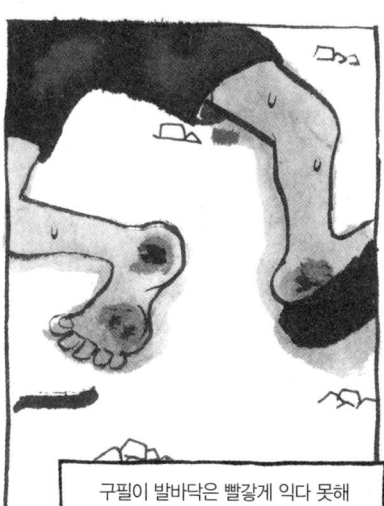

사람들이 서송원리 앞에 다다랐을 때였다.

미군 네댓 명이 앞에 나타났다.

저, 저기…….

미군들은 길을 막고 사람들을 세운 다음, 모두 철로 위로 올라가게 했다. 그러더니 철로를 따라 노근리 쪽으로 걸어가라고 했다.

사람들이 쌍굴 가까이까지 갔을 때, 앞을 가로막고 멈추도록 했다.

미군들은 짐 속까지 샅샅이 뒤진 뒤, 무전기로 어디엔가 연락을 했다.

사람들은 영문을 몰라 우두커니 서서 가슴을 풀어헤치거나 부채질을 하며 더위를 식혔다.

더러는 뙤약볕 밑에 모여 앉아 보따리를 풀어 끼니를 때우기도 하고

소 그늘에 앉아 더위를 피하기도 했다.

갑자기 미군은 서로 경고라도 하듯 호각을 불어 댔다.

잠시 뒤, 잠깐 정적이 감도는 듯 싶더니, 저 멀리 산 너머 황간 쪽에서 이상한 소리가 들렸다.

소리는 점점 커져 금세 천지를 삼킬 듯 요란한 굉음으로 바뀌었다.

그 비행기가 사람들 머리 위쪽으로 다가오자,
옆에서 감시하던 미군들은 후다닥 멀리 달아났다.

뱅기다, 뱅기!

쌕쌕이에서 검은 물체가 떨어졌고, 그 물체는 사람들이 앉아 있던 가운데에서 폭발했다. 폭풍이 일면서 흙과 돌이 하늘로 치솟고, 동강 난 몸뚱이가 피를 흩뿌리며 사방으로 날았다.

졸지에 날벼락을 맞은 사람들은 정신을 놓고 갈팡질팡 뛰어다녔다.

어머니들은 아이들을 품에 꼭 안았다.

엄마, 엄마!

헤아릴 수 없는 비명들이 폭음과 어우러져 천지에 진동했다.

"땅을 후벼 파서 코만 묻고 있는데, 옆에 엎드리고 있던 동생이, "형, 나 다리에 총 맞았는데, 안 죽을까?" 하더군요. 잠시 뒤에, 동생은 비행기에서 쏜 총에 맞아 숨졌어요."

김학중(당시 19세)

혼인한 지 열 달밖에 안 된 학중의 아내 송재옥도 그 자리에서 죽었다. 학중은 나중에서야 아내가 임신한 걸 알았다.

물 뜨러 갔던 춘자는 멀리서 먼지와 자갈, 봇짐이며 사람들 팔다리, 흰옷을 걸친 몸뚱이들이 하늘로 치솟는 걸 보았다.

밤인지 낮인지 알 수가 없었다.

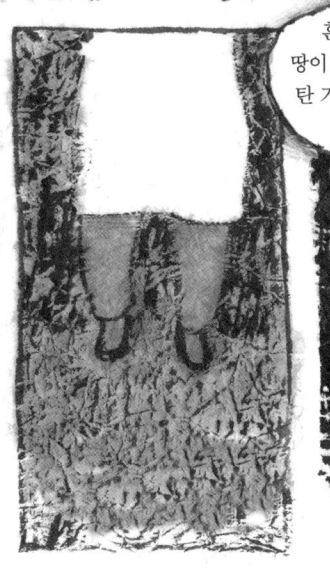

혼이 나가 걸음을 옮기는데 땅이 움직여서 마치 흔들리는 배를 탄 거 같았어요. 둘레가 시커멓고, 아무것도 안 보였어요.

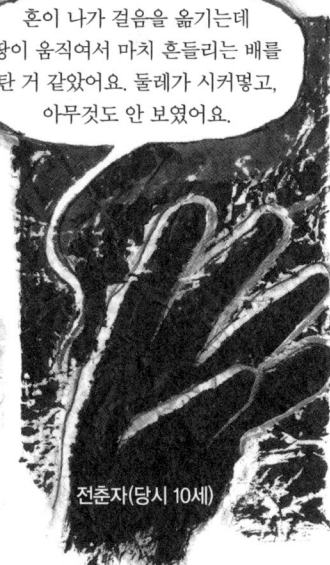

전춘자(당시 10세)

처음에는 그게 큰 호박 덩이인 줄 알았어요. 그런데 돌아보니 조그만 여자아이 머리였어요.

정구식(당시 16세)

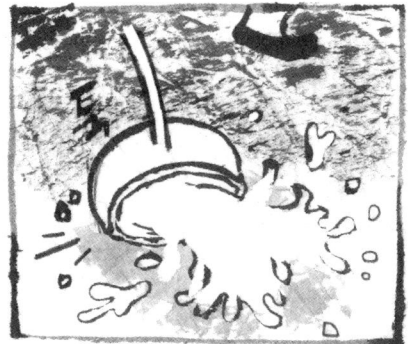

춘자는 물바가지를 버리고 엄마한테 달려갔다.

춘자 엄마는 머리가 흩어져 모양도 알아볼 수 없는 모습으로 죽어 있었다. 할머니가 엄마 젖가슴에서 울고 있는 동생 태성이를 끌어냈다.

아버지는 폭격 속에서 손주들을 찾아 헤맸다.

저만치 움푹 파인 웅덩이 속에 한 소년이 엎드려 있는 것이 보였다

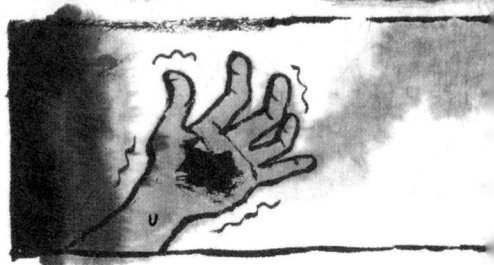

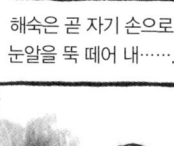
해숙은 곧 자기 손으로 눈알을 뚝 떼어 내…….

멀리 던져 버렸다.

당시 열일곱 살이었던 정구헌은 피난하면서 가져온 두꺼운 누비이불을 뒤집어써서 다치지 않았다.

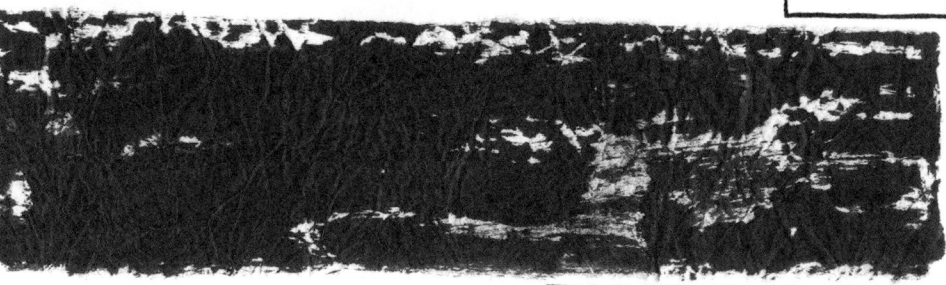

폭격을 맞아 누더기가 된 이불 밖으로 얼굴을 내밀고 두리번거리던 구헌은,

연기와 먼지로 깜깜한 가운데 흰옷을 입은 피난민들이 가까운 언덕을 죽기 살기로 기어올라 가는 걸 보았다.

곧 미군들이 쏜 총탄이 날아왔다.

정구헌(당시 17세)

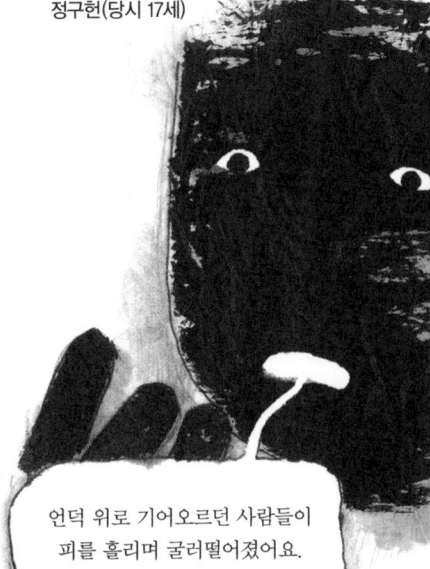

언덕 위로 기어오르던 사람들이 피를 흘리며 굴러떨어졌어요.

임계리에서 온 박창록은 눈앞이 안 보일 정도로 쏟아지는 파편과 자갈 속에서 부모를 잃어버렸다.

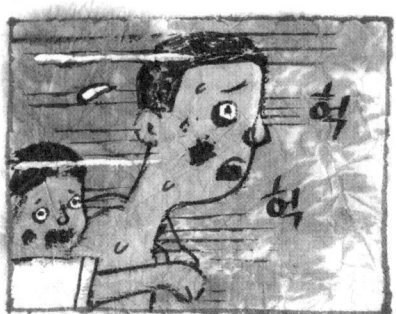

창록은 네 살 먹은 여동생 창수를 등에 업고 작은 배수구를 향해 곧장 달렸다.

노근리에 사는 할아버지 댁에 다니러 온 적이 많아서, 거기에 배수구가 있다는 걸 알고 있었다.

곧이어 피와 먼지로 범벅이 된 사람들이 배수구로 몰려들었다.

배수구는 길이 60미터, 높이는 어른이 겨우 허리를 펼까 말까 했다.

얼마 안 있어 배수구 안에도 총성이 울렸다.

나는 여동생 창수와 겨우 쌍굴까지 갔어요. 죽은 사람한테 수없이 걸려 넘어지고, 기면서 겨우 거기까지 갔어요.

박창록(당시 13세)

춘자는 혼자서 무사히 쌍굴까지 다다랐다.

굴에는 사람이 거의 없었다.

텅 비고 앞뒤가 뻥 뚫린 이 굴은 숨을 곳이 아니라는 생각이 들었다.

굴을 지나 도로 쪽으로 달려갔을 때……,

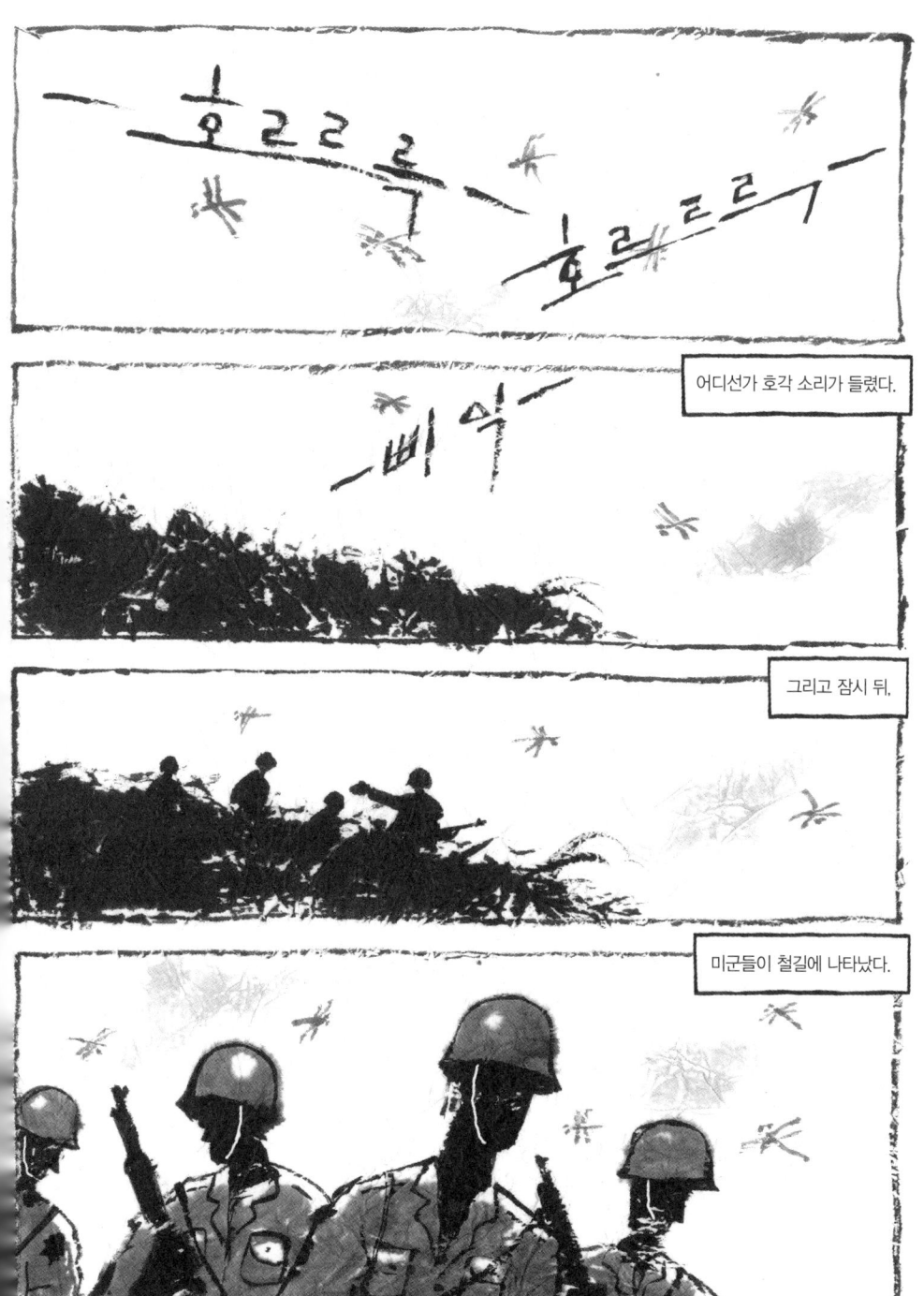

미군 병사들은 시체가 늘어져 있는 연기 자욱한 철길과 그 둘레를 돌아다녔다.

발로 툭툭 치면서 죽은 사람을 확인했다.

미군들은 철길과 언덕, 도로와 철길 사이 아까시나무 그늘에 아직 살아 있는 사람들을 모아 쌍굴 쪽으로 몰고 갔다.

작은 배수구에 숨어 있던 피난민들도 모두 몰아냈다.

Hey, Get out!

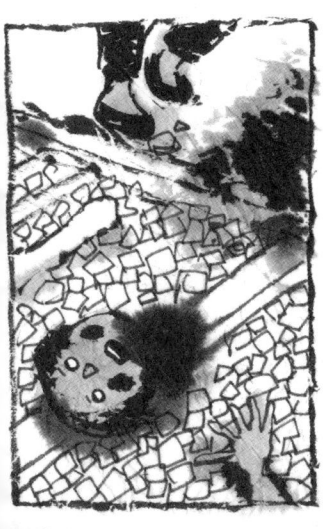

몸에서 떨어져 나간 팔다리와 머리도 보았다.

다리가 후들거려 시체에 걸려 넘어지기도 했다.

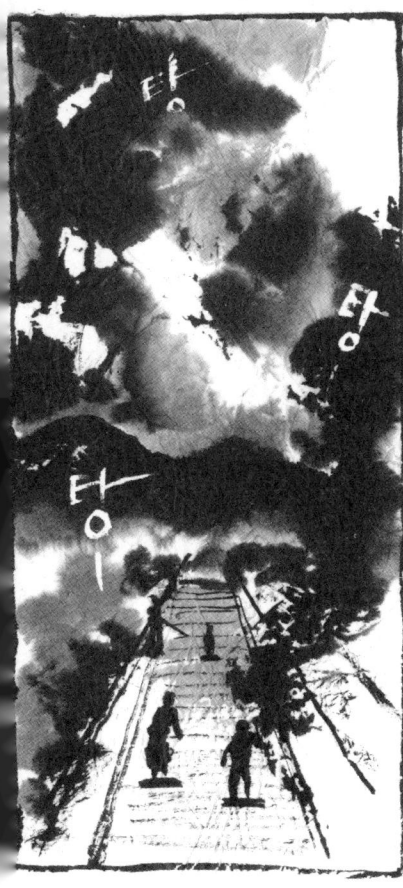

구헌은 쌍굴로 뛰었다.

사람들이 쌍굴로 갈 때, 양해찬네 식구는 뒤처져 있었다.

해찬의 어머니는 다리를 다쳐 꼼짝할 수 없었고, 누나 해숙은 거의 앞을 볼 수가 없었다.

아버지는 어디 있는지조차 알지 못했다.

해찬의 어머니는 한 손에 막대기를 짚고 다른 손으로 해찬이 손을 잡고 엉덩이를 끌었다. 해찬은 다른 한 손으로 누나 해숙의 손을 잡았다. 동생 해용이는 식구들한테 벌어진 처참한 상황에 놀라서인지 다리를 다쳤는데도 코만 훌쩍이며 조용히 따라왔다.

해숙은 이따금씩 한 손으로 성한 눈의 부어오른 눈두덩을 벌려 앞을 보았지만, 발이 걸려 넘어지기 일쑤였다.

콘크리트로 지어진 쌍굴은 높이가 10.5미터, 굴 하나가 폭이 7미터, 안쪽 길이는 24.5미터였다. 쌍굴 안쪽에는 냇물이 흘렀다. 동쪽 굴은 물줄기가 컸고, 서쪽 굴에는 아주 조금만 졸졸 흘렀다.

> 서쪽 굴은 큰길에서 300미터 떨어져 있었다. 평소에는 노근리로 가는 샛길로 쓰이던 곳이었다. 서쪽 굴에 마른 땅이 더 넓었기 때문에 피난민들은 거의 거기에 모여 있었다. 하지만 자리가 모자라 동쪽 굴에도 100명이 넘게 모여 있었다.

그때 미군 위생병 두 사람이 두리번거리며 굴 안으로 들어왔다.

그러더니 다친 사람들을 치료했다.

아내 박선용의 팔꿈치에도 약을 바르고 붕대를 감아 주었다.

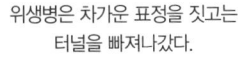

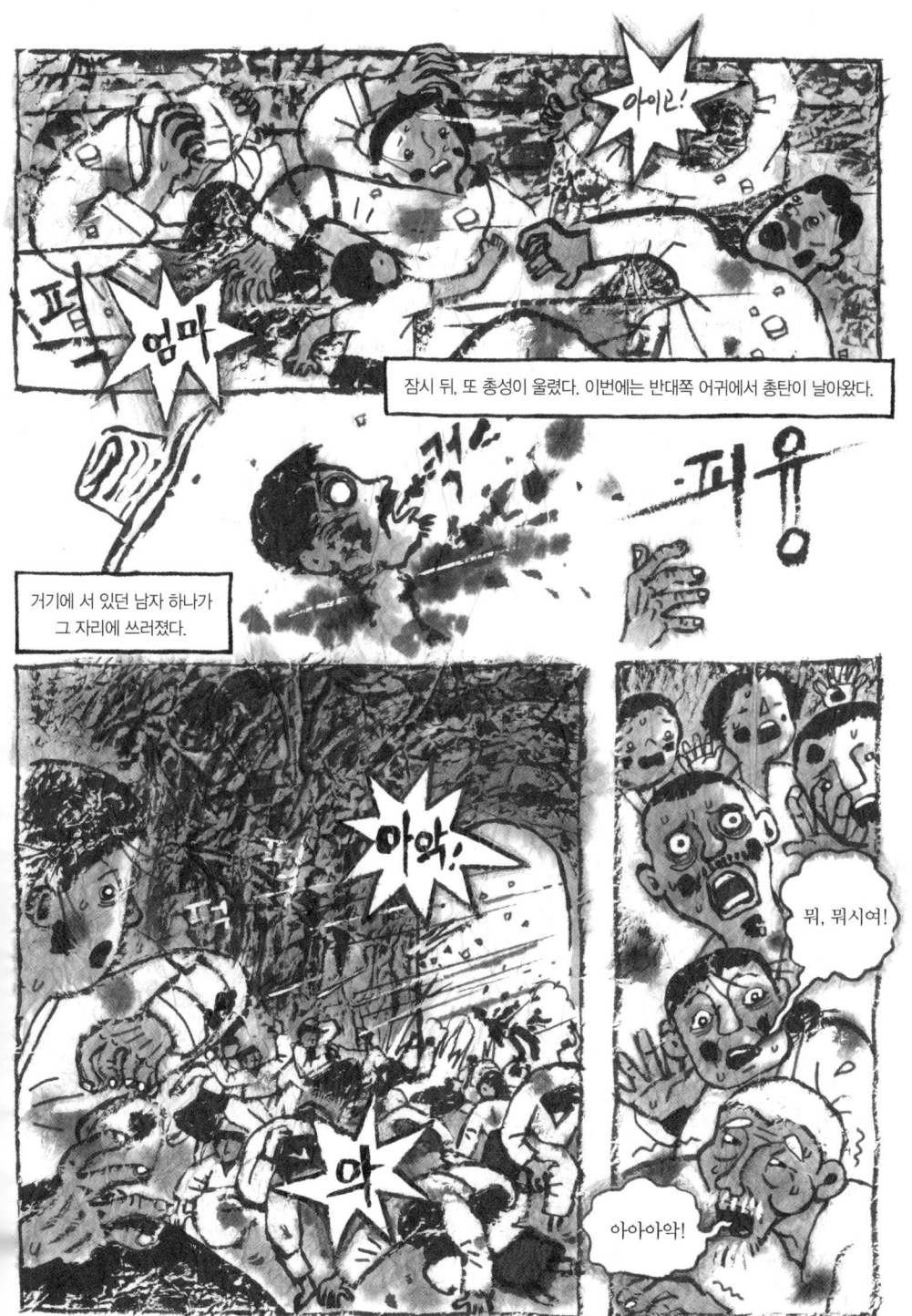

갑자기 미군 진지에서 포탄이 날아왔다.

미군은 수시로 기관총을 쏘았어요.
하루에 십여 차례, 10~20분씩 주기적으로
집중 사격을 하는 것 같았어요.

정구헌(당시 17세)

시간이 지나면서 희생자가 늘어 갔다.

하루해가 저물고 굴 안에도 어둠이 찾아왔다.
어둠 속으로 두려움과 절망이 폭풍처럼 몰려왔다.

살아남은 사람들은 그 자리에서 빌기 시작했다.

천지신명이시여…….

나무아미타불…….

사람들은 그이들이 아는 신들을 불렀다. 간절하게 애원하고, 부르짖었다.

죽음을 앞둔 사람들이 울며 기도하는 소리가 굴속에 가득했다.

하나님 아버지…….

아이고!

아내는 마음속으로 성경 구절을 되뇌고 있었다.

『내가 사망의 음침한 골짜기로 다닐지라도
해를 두려워하지 않을 것은 주께서 나와 함께 하심이라.
주의 지팡이와 막대기가 나를 안위하시나이다.』

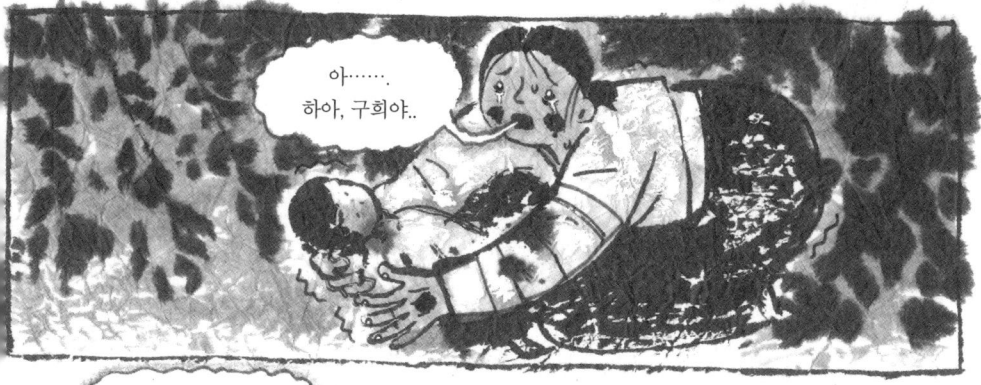

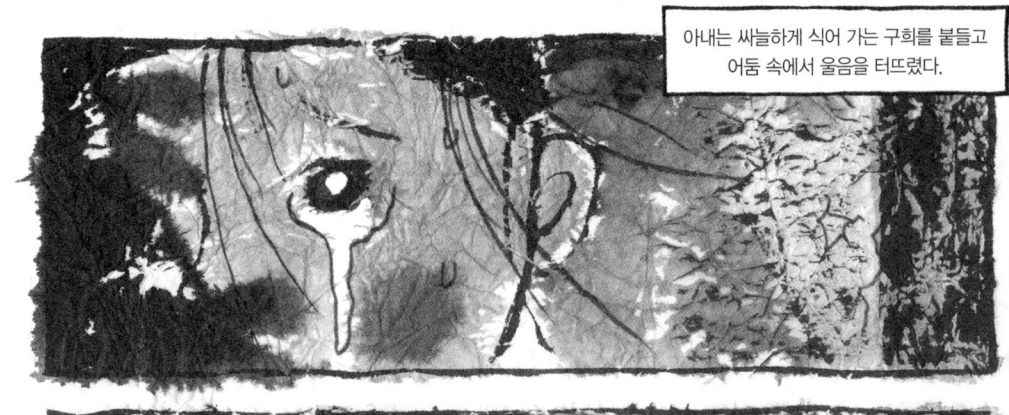

아내는 싸늘하게 식어 가는 구희를 붙들고 어둠 속에서 울음을 터뜨렸다.

터널 양쪽 들목에서 무더운 바람에 실린 피비린내가 끊임없이 불어왔다.
어둠 속에 잠긴 좁은 굴속은 공포와 슬픔으로 덮이고 있었다.

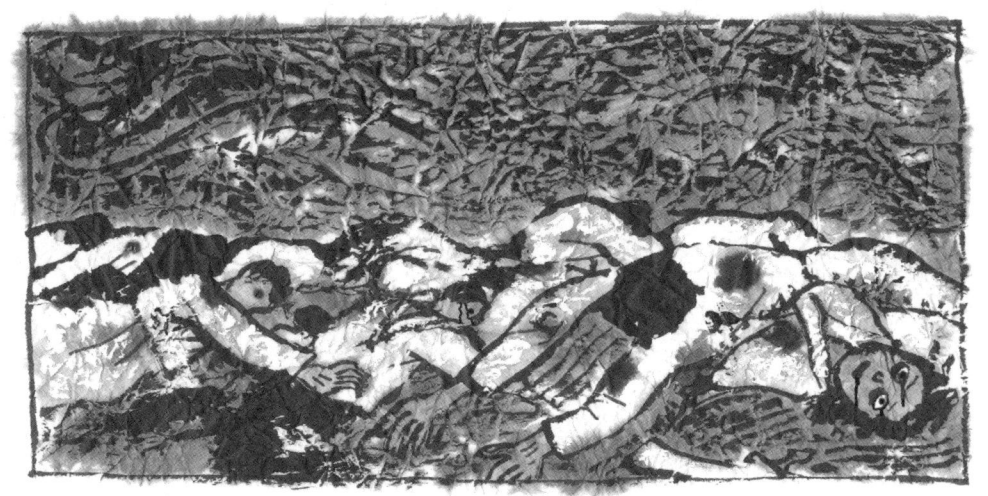

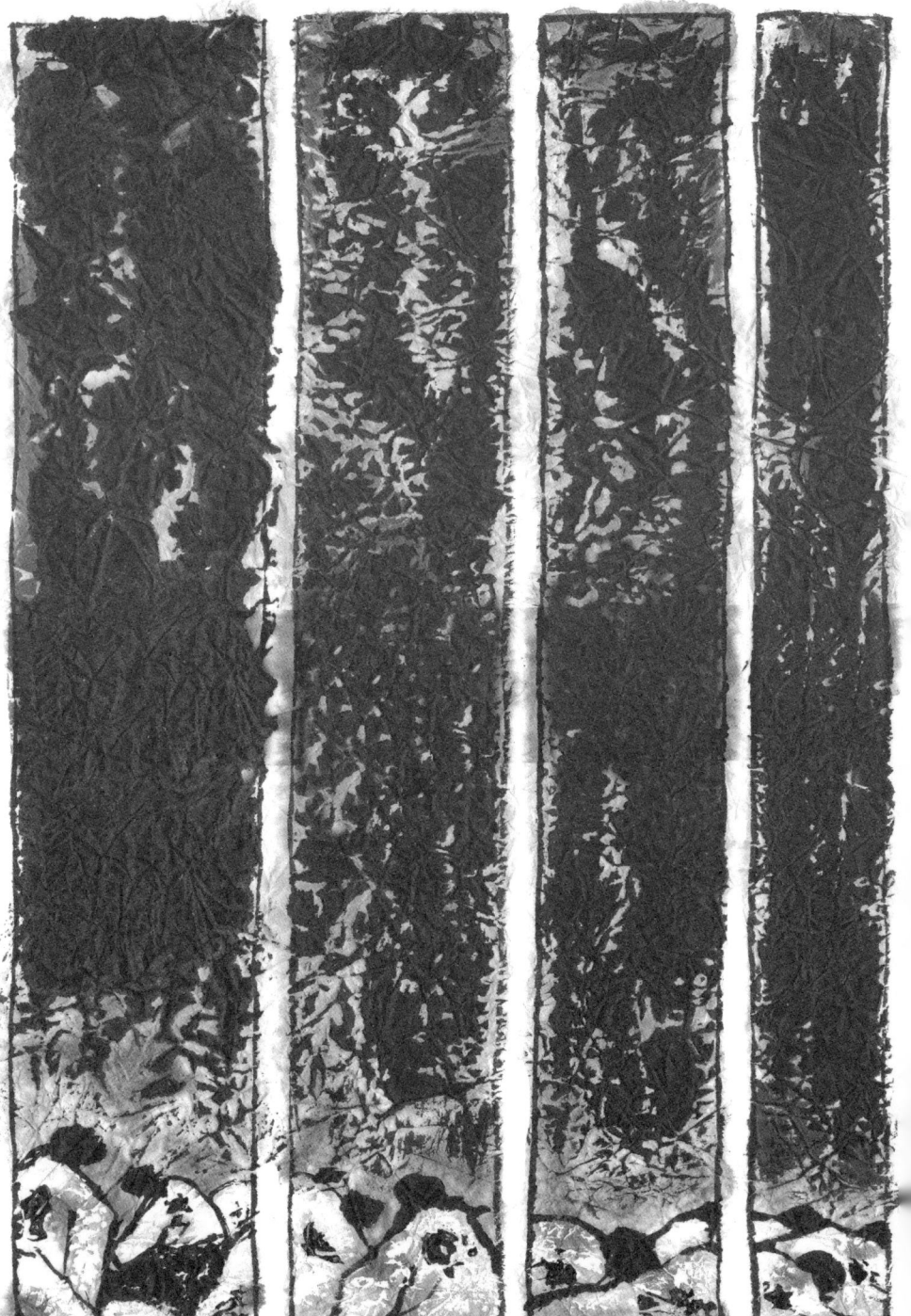

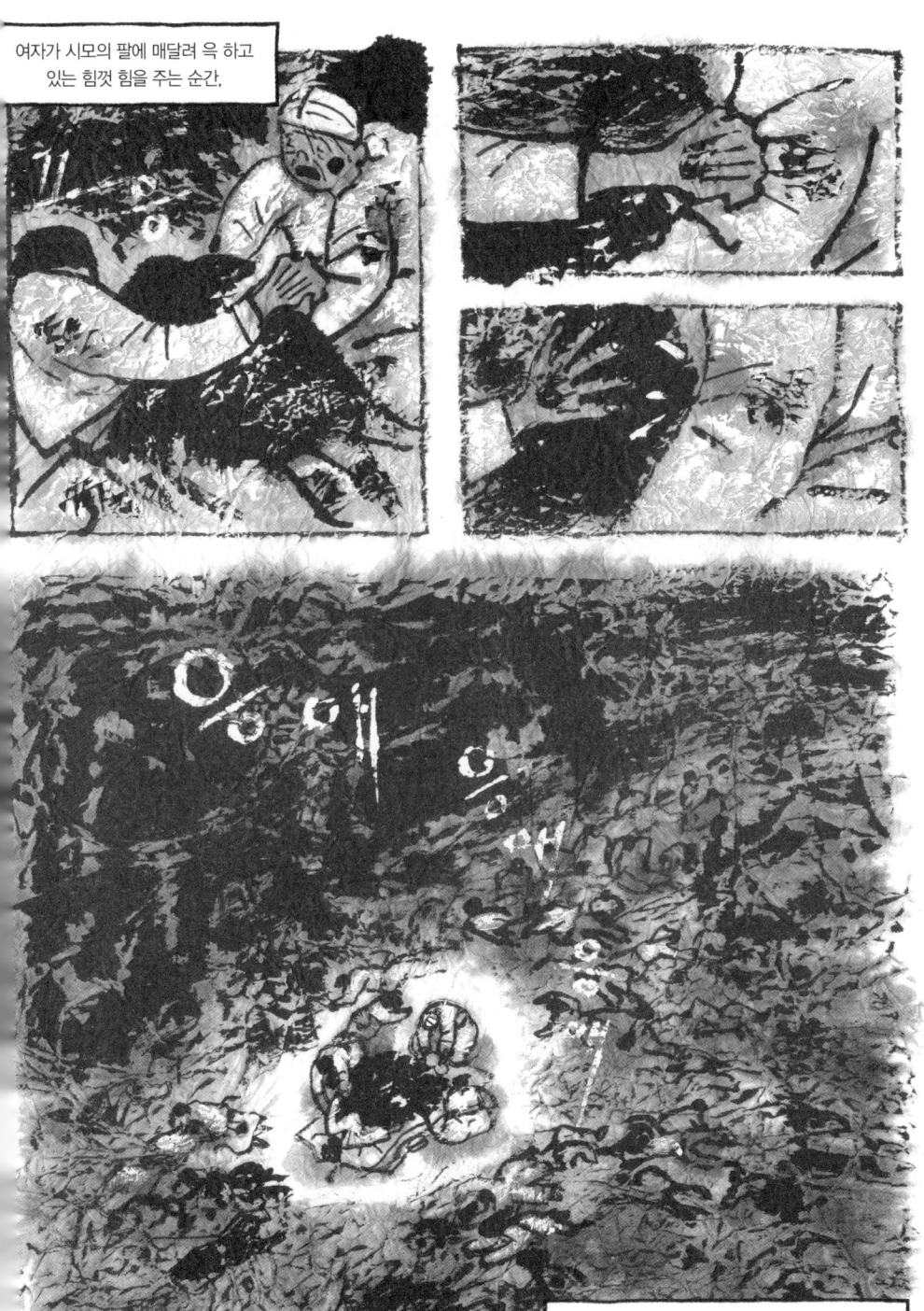

답답한 마음이 들었던 조 노인은 탁 트인 검푸른 하늘이 올려다보이는 터널 들목으로 걸어 나갔다.

바로 그때.

투타탕. 팍

영감! 아버지

요란스러운 기관총 소리가 한밤의 정적을 깨면서
탄환이 굴 안으로 날아들었다.
그리고 그 가운데 한 발이 조 노인의 가슴을 뚫었다.

조 노인은 비명을 지르면서
그 자리에 고꾸라지고 말았다.

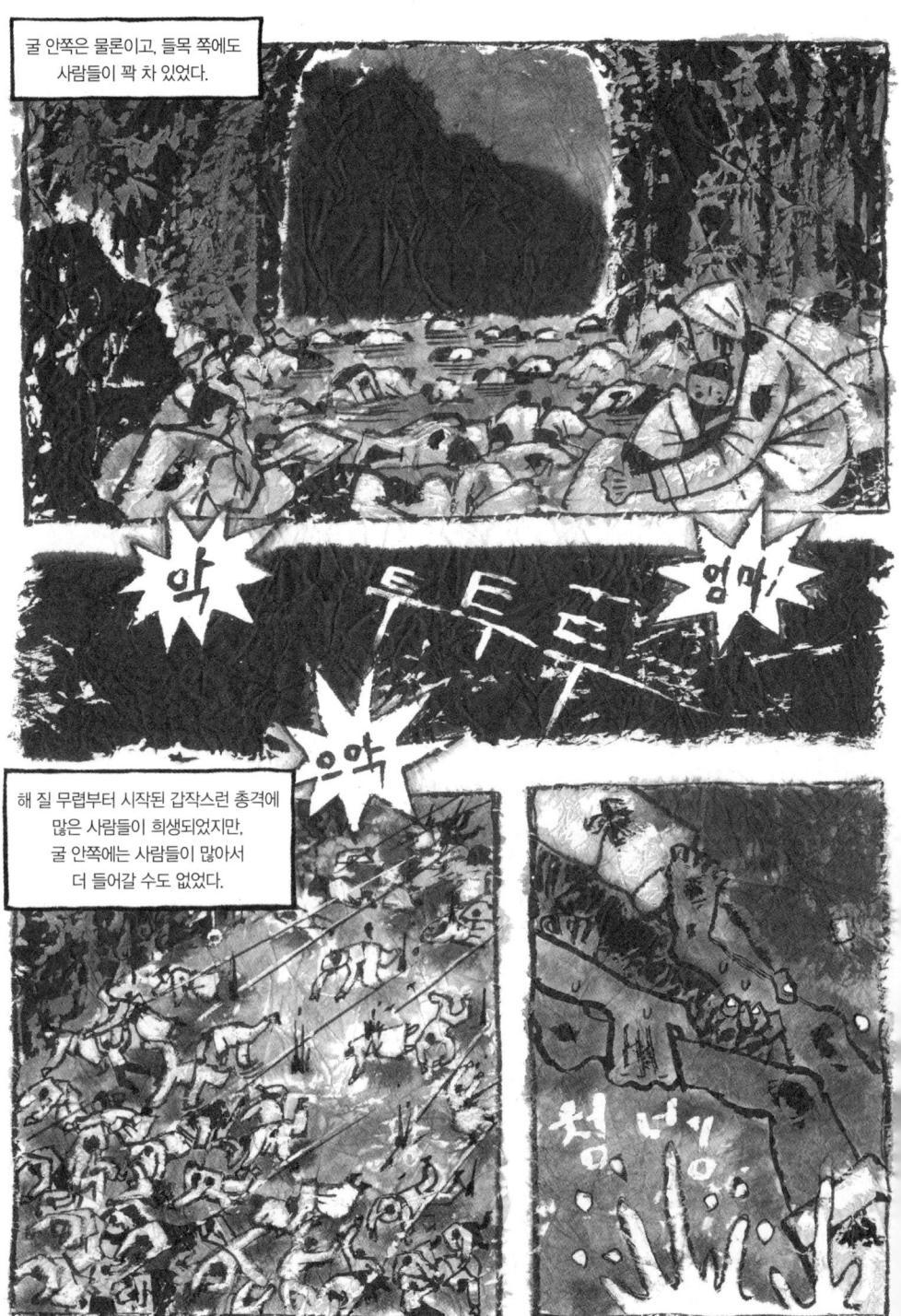

사람들 성화 때문에 우는 아이를 굴 바깥에 내놓는 부모도 있었다.

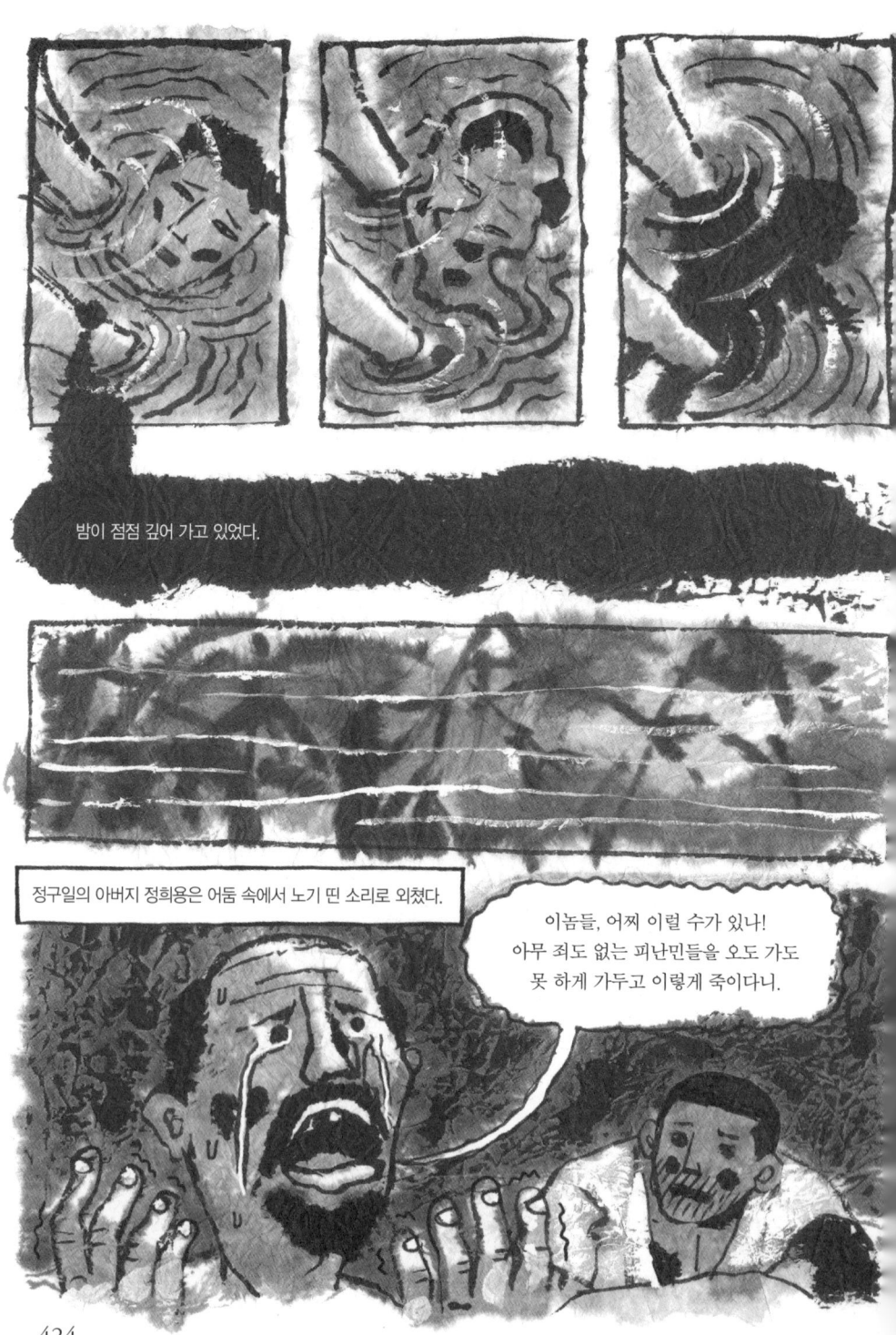

여기서 무슨 일이 있었는지 사람들한테 알려야 해.

꼭 알려야 한다, 꼭! 응, 알겠지?

……

다른 여자들도 남편이나 아들한테 같은 말을 했다.

다른 생각은 하지 말고, 남자들끼리 어서 여기서 나가요.

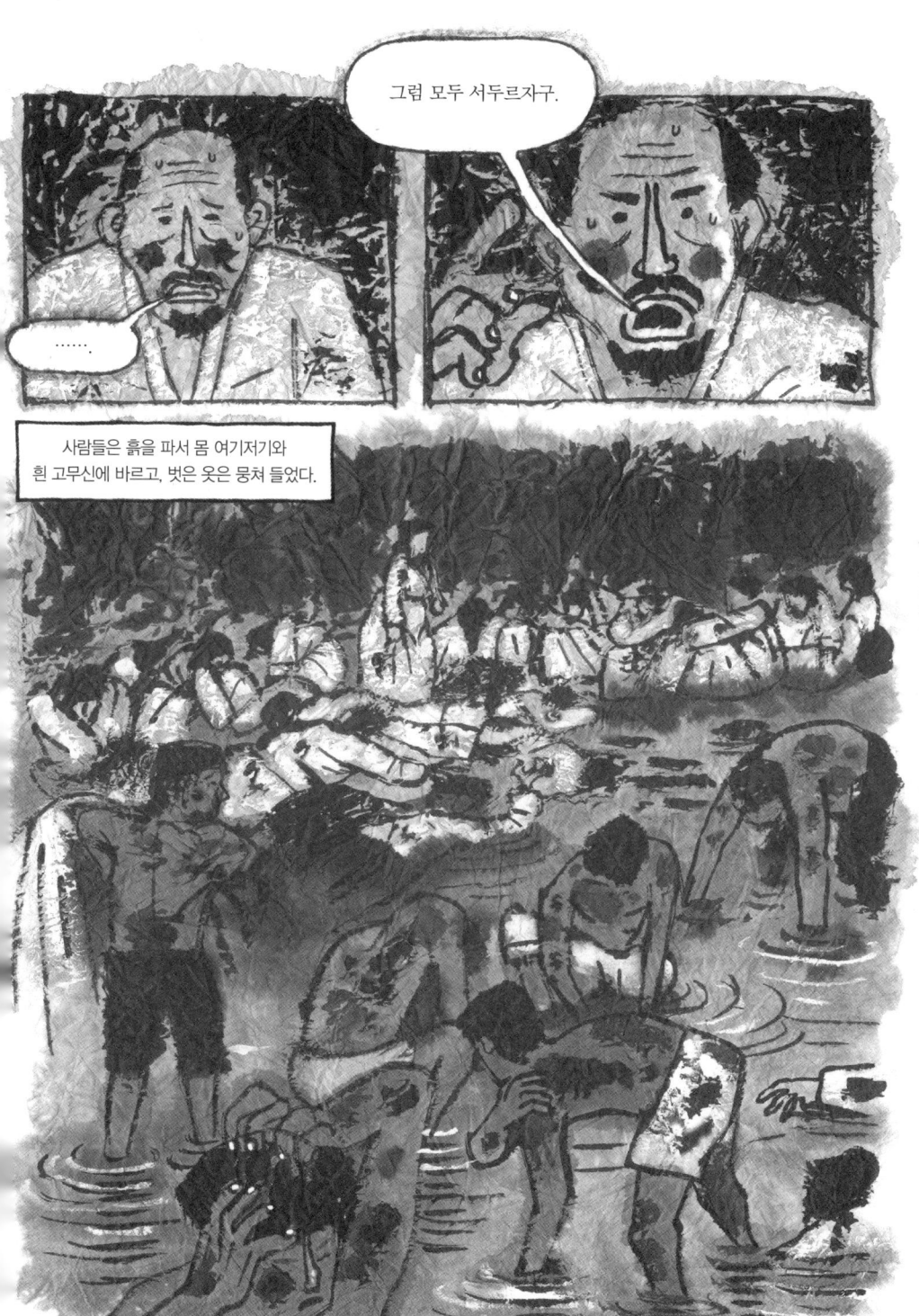

사람들은 골짜기를 오르다가 멈춰 서서 굴 쪽을 내려다보고…….

지난봄에 혼인한 부부는 서로 꼭 껴안고 앉아 있었다.

당신을 두고는 도저히 못 떠나겠소.

타 타 타 앙!

아악! 여보!

악

한동안 잠잠했던 총성이 또 울리기 시작했다.
거의 동시에 남편과 아내의 입에서 비명이 터져 나왔다.

7월 27일

피난길에 오를 때 대가족이었던 해찬의 식구와 친척들은.

이렇게 하나둘 쓰러져 갔다.

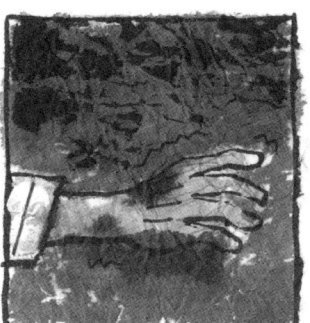

목마름이 가장 큰 고통이었다.

무, 물…….

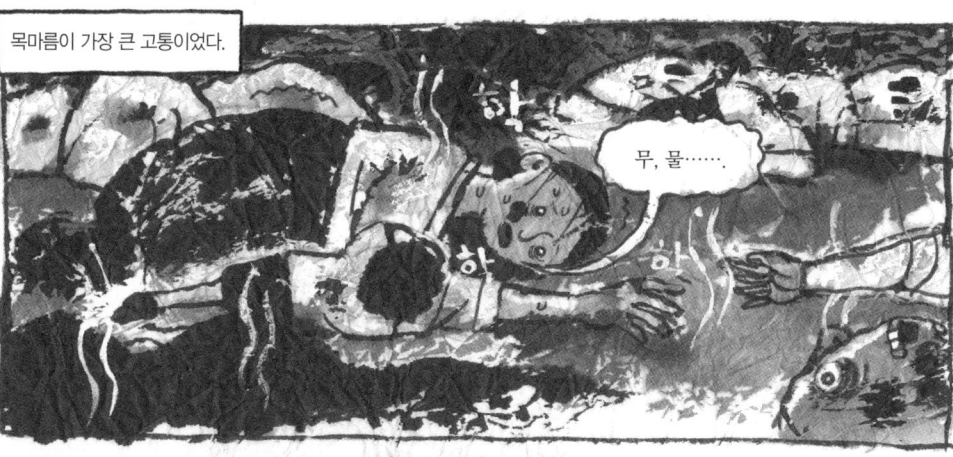

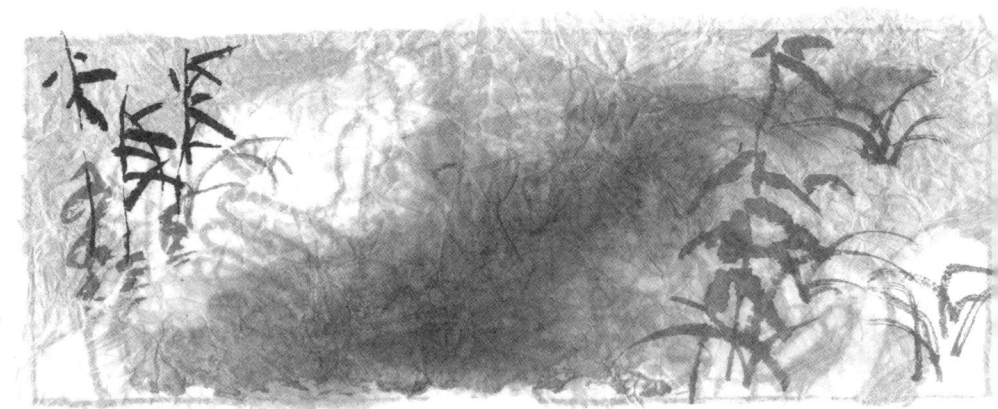

서쪽 굴에 졸졸 흐르던 물은 시체 더미에 막혀 핏물 웅덩이를 이루었다.

난 그때 목마름을 못 이겨, 피가 둥둥 떠 있는 물을 쭉쭉 빨아 먹었습니다.

김학중 (당시 19세)

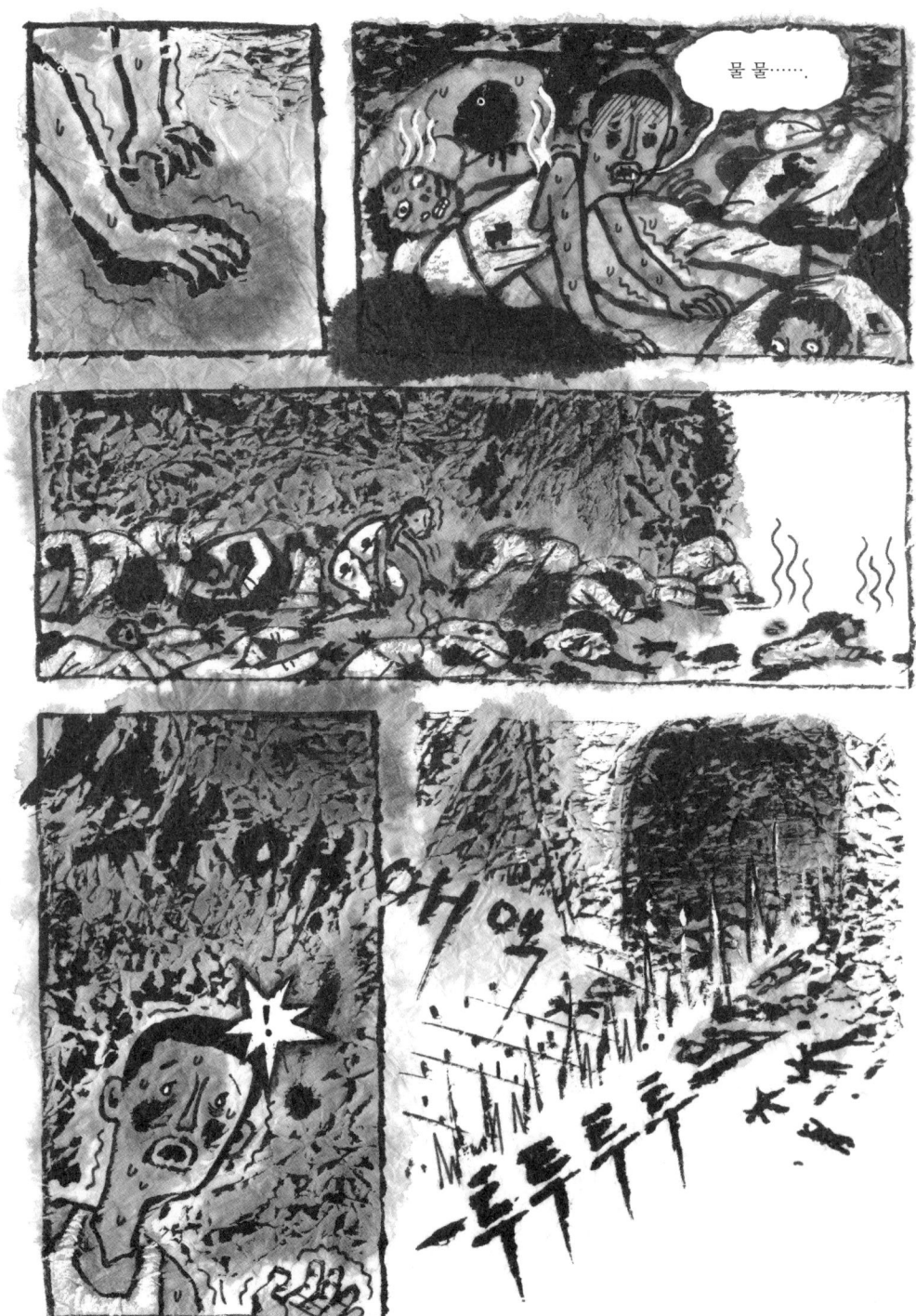

비행기가 어찌나 낮게 날아오는지
굴속으로 지나가는 줄 알았어요.

양해숙(당시 13세)

꾸아아앙

산등성에서 희숙을 바라보던 미군이 올라오라는 손짓을 했다.

희숙이 가까이 가니 구경이나 난 듯이 미군들이 참호에서 꾸물꾸물 몰려나왔다.

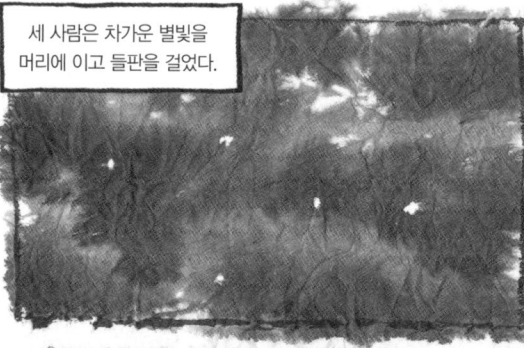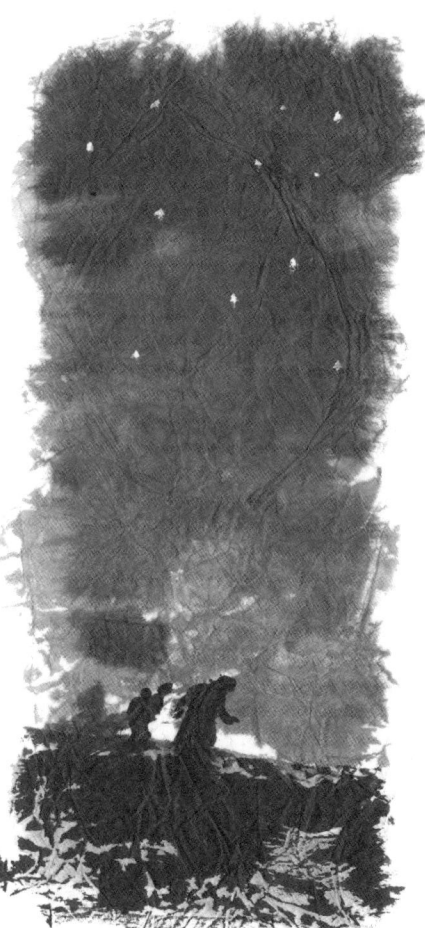

아내는 둘을 부축해 다시 힘을 내 올라갔다.

양쪽 다리가 또 넝쿨에 걸렸다.

하지만 그것은 넝쿨이 아니었다.
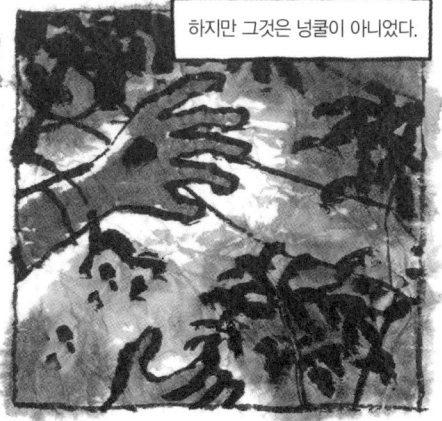

가느다란 전선 같은 촉감이 손끝에서 느껴졌다.

전선을 피해서 걷다 보니, 걸음은 점점 느려졌다.

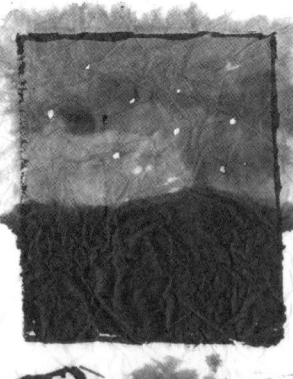

갑자기 저 멀리 골짜기 위쪽에서 기관총이 불을 뿜었다.

그래, 그래.
구필아.

아빠한테 가자,
구필아.

아내는 자꾸만 아래쪽으로 떨어지는
구필의 몸을 추스르며 걸었다.

얼마쯤 올라갔을 때였다.

오른쪽 산기슭에 있는 노송 밑에
흑인 병사 한 명이 서 있는 게 보였다.

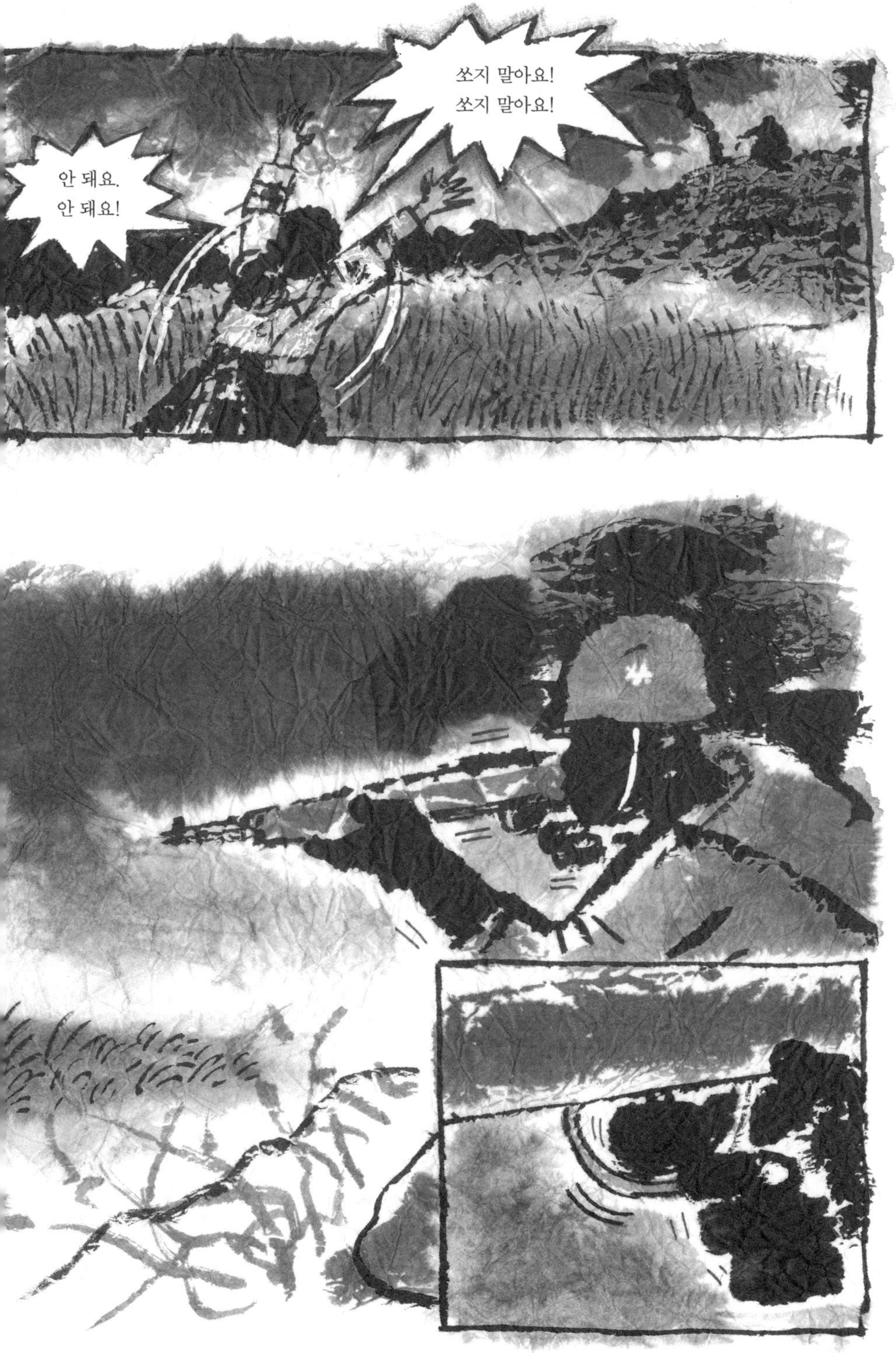
안 돼요.
안 돼요!
쏘지 말아요!
쏘지 말아요!

구필이 얼굴 위로 살랑살랑 바람이 불었다.
이마를 덮은 머리칼이 바람에 하늘거렸다.

아내는 줄곧 자기 영혼도 거두어 가 달라고 기도했다.
그러나 기도는 응답하지 않았다.

아내는 구급차로 옮겨졌고,

단숨에 김천까지 달려,

후드득

7월 28일

7월 29일

끔찍한 학살극이 시작된 지 나흘째.

이른 아침 노근리 앞 쌍굴에

즐비하게 누워 있는 시체들은 날이 밝으면서 그 처참한 모습을 드러내기 시작했다.

아으으윽!

구학의 누나 정명자는 쌍굴로 들어온 인민군을 보자 제정신이 돌아왔다.

먼저 굴에서 탈출한 정구헌은 주곡리 뒷산에 숨어 있었다.
그날 밤 살아남은 사람들이 동네로 돌아왔다.

구헌은 명자의 말을 듣자마자 곧바로 쌍굴로 달려갔다.

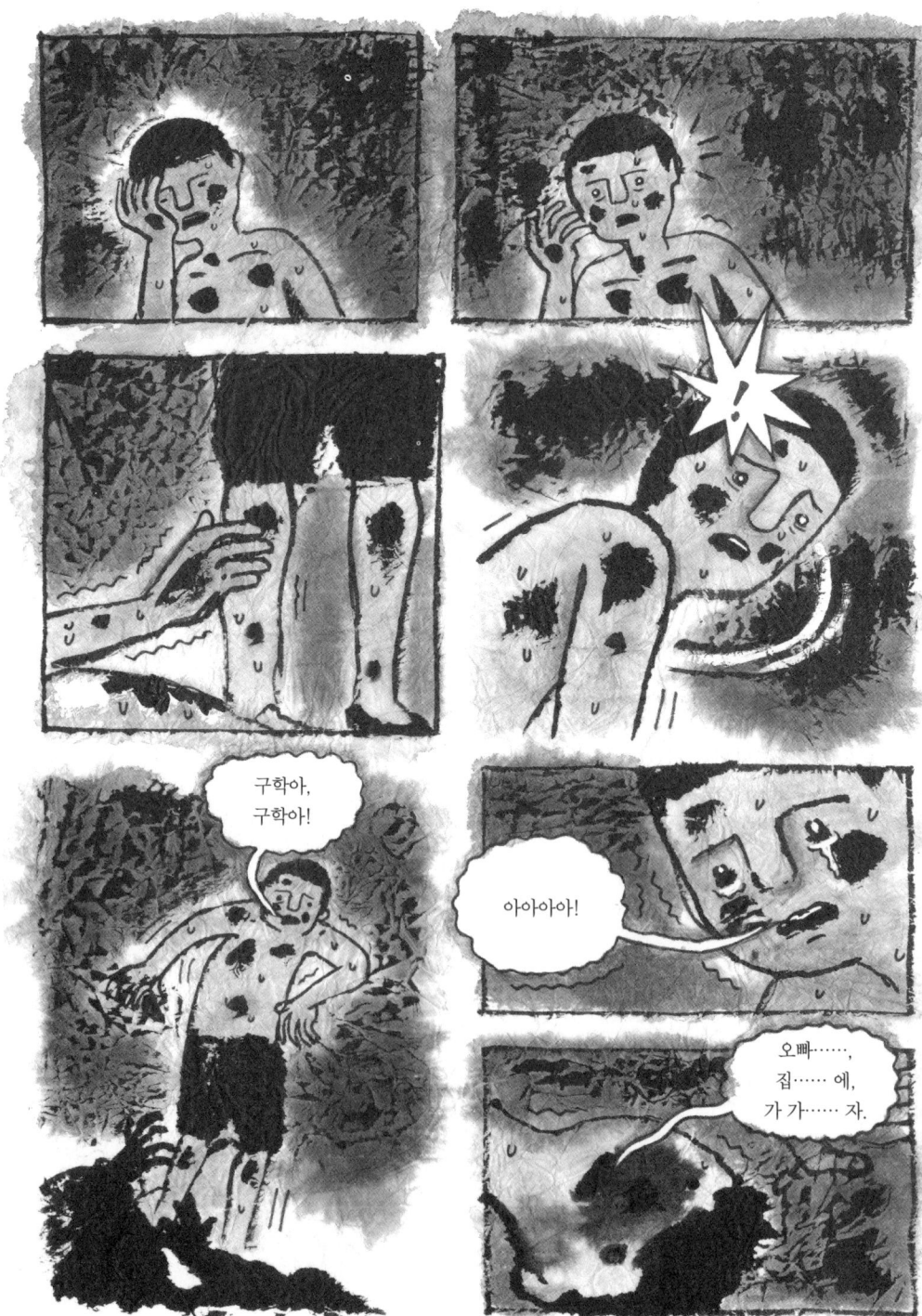

정구헌은 동생을 들쳐 업고 굴을 나왔다.
구학은 노근리 쌍굴에서 마지막으로 살아 나온 사람이다.

7
망향가

아내가 있던 수용소 교실에는 강원도와 충청북도에서 온 피난민들이 들어차 있었다.
사람들은 교실 마룻바닥 위에 가마니를 깔고 가구별로 모여 지냈다.
가구들 사이에는 보퉁이를 쌓아 올려 이웃 가구들과 경계를 지어 놓고 있었다.

> 부자든 가난한 사람이든 못 배운 사람이든 많이 배운 사람이든, 지금까지 어찌 살아왔든 간에, 지금은 한결같이 딱한 처지에 놓인 피난민일 뿐이다.

> 그저 하나같이 하루하루 삶에 허덕였다.

전쟁이 나기 전, 잠자리에 들 때면 나는 구필이를, 아내는 구희를 품에 안고 잤다

잠결에 아이를 품속으로 끌어안으려다 텅 빈 걸 깨닫고는 깜짝 놀라 잠에서 깨곤 했다.

그럴 때면 슬픔과 고통 속에서 밤을 보냈다.

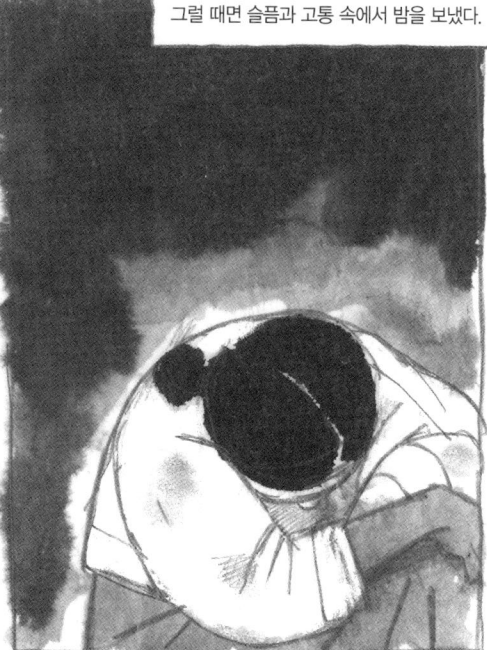

낮은 낮대로 고통스러웠다.

날이 새기가 바쁘게 구필이와 구희 또래
아이들이 운동장으로 쏟아져 나왔다.

그 아이들 모습을 보면
우리 두 아이 모습이 떠올랐다.

아이들은 큰 슬픔을 남겨 놓고 우리 곁을 떠났다.
거친 들판에서, 허허로운 산속에서, 총에 맞고 비참하게 죽어 갔다.

나는 사랑하는 내 아이들과 작별 인사조차 나누지 못했다.
사랑하는 사람과 인사도 나누지 못한 채 헤어지는 것이
얼마나 가슴 아픈 일인지 뼈저리게 느꼈다.

「모든 육체는 풀이요, 그 모든 아름다움은 들의 꽃 같으니
풀은 마르고 꽃은 시듦은 여호와의 기운이 그 위에 붊이라.
이 백성은 실로 풀이로다.」

신은 왜, 무엇 때문에 풀인 사람들에게, 꽃인 어린것들에게 참혹한 죽음을 맞도록 했을까?
도무지 알 수 없는 일이었다. 그저 마음이 아파 견딜 수 없을 뿐이었다.

우리 부부는 가눌 수 없는
무거운 슬픔에 몸부림치곤 했다.

아내는 끝내 울음을 터뜨리고 말았다.

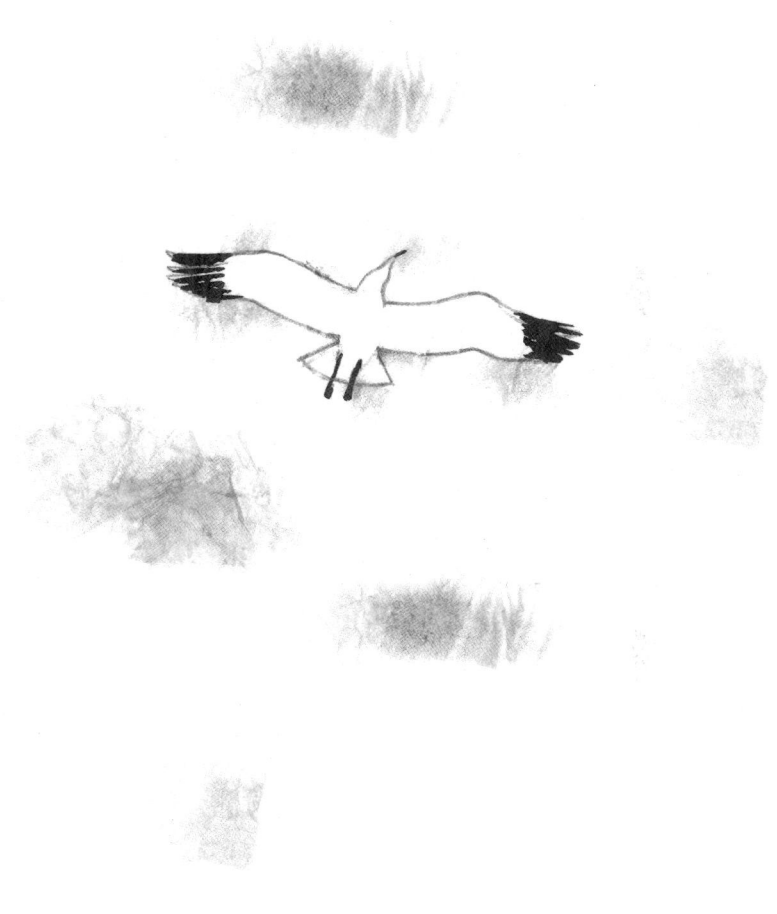

짙푸른 바다 저 멀리, 미군 물자를 가득 실은 큰 배가 정박해 있었다.

모터를 단 작은 통통선 여러 척이
큰 배와 부두 사이를 부지런히 오갔다.
통통선들은 돌아올 때마다 레이션 상자를 가득 싣고 왔다.

배가 부두에 닿기 바쁘게 노무자 대여섯 사람이 그 위로 올라갔다.

노무자들은 부지런히 상자들을 내렸다.

부두에는 금세 상자들이 산더미같이 쌓였다.

노무자 수십 명이 줄을 지어 상자 더미 밑으로 걸어갔다.

설탕!

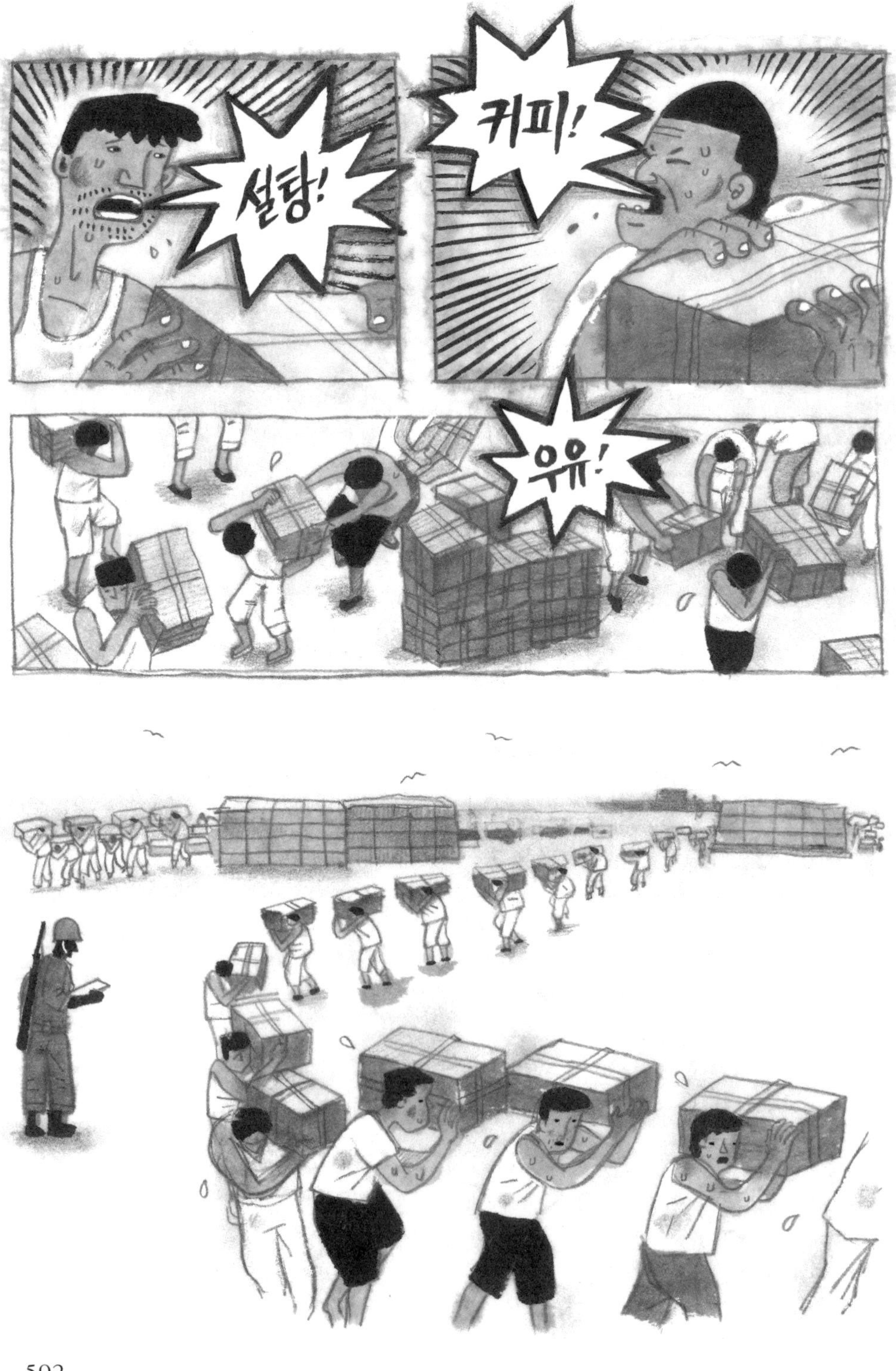
설탕!
커피!
우유!

노무자들은 상자를 메고 걷고, 부리고 또 걷고…….

이렇게 같은 동작을 수도 없이 되풀이하며 상자 더미를 여러 무더기 만들어 나갔다.

점심시간 호각 소리가 울린다.

—삐―익

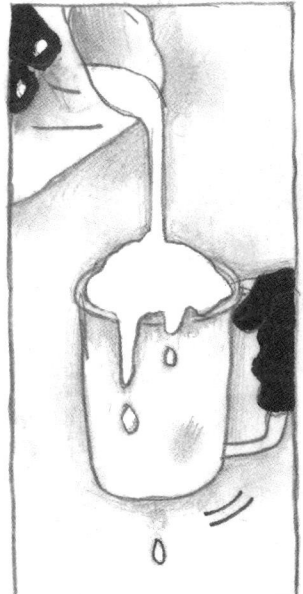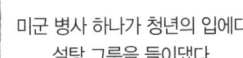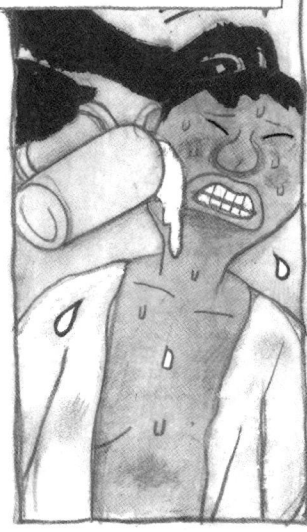

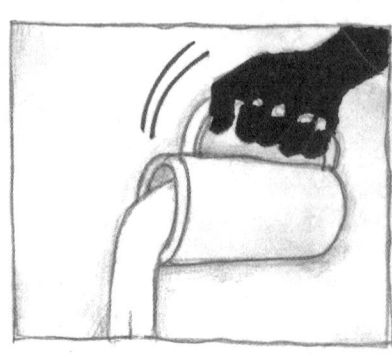

그길로 용두산에 올랐다.

용두산 언덕 아래에 조개껍질을 엎어 놓은 것같이 다닥다닥
붙어 있는 피난민의 판잣집들이 한눈에 들어왔다.
멀리 남쪽으로는 푸른 바다가 넘실댔다.
바다를 보는 순간, 애타는 그리움이 되살아났다.
'구필아, 구희야.'

1953년 7월, 한국전쟁은 휴전에 들어갔다.

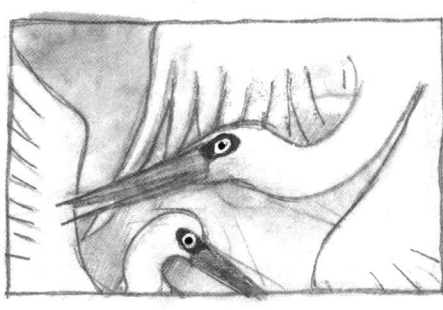

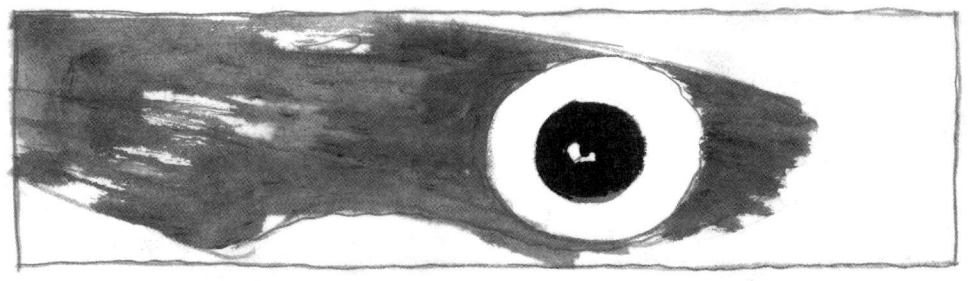

1955년 가을

아이고, 이제야 오는구먼.

아   o

빼   애

경부선 열차를 타고 서울을 떠나 부산을 향해 절반쯤 가다 보면
충북 영동에 한 굴다리를 지나게 된다. 노근리 마을로 가는 쌍굴 다리이다.
노근리 양민학살사건은 바로 이곳에서 일어났다.
1950년 7월 26일부터 29일까지 만 3일 동안, 미군은 하가리와 노근리 일대에서
피난 가던 사람들을 폭격, 기총소사로 대량 학살했다.
생존자들이 희생자 명단을 영동군청에 접수한 것에 따르면,
사망자는 약 180여 명이고, 실종자는 20여 명, 부상자는 50명쯤이다.
그러나 산산이 바스러져 형체도 알아볼 수 없거나 이름을 알 수 없는 시신들,
학살 이후 부상과 후유증으로 죽은 피난민들까지 더하면 피해자는 400명이 넘는다.
지금까지 미국 AP(Associated Press) 통신 기자나 미 국방성 조사반에게
미군이 노근리에서 민간인을 공격한 사실을 증언한
참전 미군은 확인된 사람만 25명이다. 1950년 노근리 사건 발생 직후,
《조선인민보》는 사망자만 약 400명에 이른다고 보도했다.
하지만 사건이 일어난 지 반세기 이상 지난 오늘날,
당시에 여기서 얼마나 많은 사람이 죽었는지 정확히 파악하기는 어려운 실정이다.